政治的なものについて

ラディカル・
デモクラシー
1

シャンタル・ムフ
酒井隆史［監訳］
篠原雅武［訳］

政治的なものについて

闘技的民主主義と多元主義的グローバル秩序の構築

明石書店

政 治 的 な も の に つ い て　目次

【凡例】

●本書はChantal Mouffe, *On The Political*, Routledge, 2005の全訳である。

●本文中、原著者による注は†で示し各章末に掲載、訳者による注は＊で示し傍注として左頁端に掲載した。

●原則として、原文の（）はそのまま、‘’は「」、イタリック体は作品名を『』、それ以外のイタリック体を太字などで示した。また、訳者による短い補足説明は［］で示した。

政治的なものについて

装幀　戸塚泰雄（nu）

第Ⅰ章

はじめに

One
Introduction

本書で私は、西洋社会の大半で「常識」を支えている見解に異議を唱えてみたい。現在までに達成された経済的政治的発展の段階は、人間性の進化における大いなる前進であり、それが切り開く可能性を賞賛すべきだという見解に、である。社会学者たちは、私たちは「第二の近代」に足を踏み入れたのだと主張している。集合的紐帯から解放された個人は、時代遅れのあれやこれやの桎梏にわずらわされることなく、多様な生活様式をはぐくむ営みに専念できる、というわけだ。「自由世界」は共産主義に勝利し、そして、集合的アイデンティティの弱体化にともない、「敵なき」世界がいまや実現可能になる。党派的な対立は過去のことになり、いまでは対話を介した合意が可能だ。グローバリゼーションやリベラル民主主義の普遍化のおかげで、平和、繁栄、そして人権の保障を世界規模でもたらしてくれるコスモポリタンな未来を期待できる、というのである。

私は、このような「ポスト政治的」ヴィジョンに挑戦したいのである。主要な標的は、改革派陣営に属す者たちである。グローバリゼーションについて楽観的な見解を受け入れ、合意形成型の民主主義を提唱するようになった者たちである。ポスト政治的な**時代精神**《ツァイトガイスト》を支持する流行の理論は、社会学、政治理論、国際関係論といった一連の領域でみいだされよう。私はこれらの理論を検討したうえで、このような方法が根本的に誤りであること、のみならずこれらの理論が、「民主主義の民主化」に寄与するどころかむしろ、民主主義的な制度が現在直面している問題の多くの源泉になっていることを論じるつもりである。たとえば、現在流行中の概念をほんの少し参照するだけでも、「党派的対立のない民主主義」、「対話的民主主義」、「コスモポリタン民主主義」、「良い統治」、「グローバル市民社会」、「コスモポリタン的主権」、「絶対的民主主義」などが即座にあらわれる。これらはすべて、「政治的なもの」を構成する敵対的次元を認めようとしない反政治的なヴィジョンを共有している。これらの概念のねらいは、「左派と右派」、「ヘゲモニー」、「主権」、そして「敵対性」を乗り越えた世界を確立することにある。しかしこうしたもくろみは、民主主義政治の核になるものについての、および政治的アイデンティティを構成する力学についての完全な無理解を露呈させているのであり、さらに、後にみるように、社会に存在している敵対的な潜勢力を昂めることに寄与してしまっているのだ。

私の議論のかなりの部分が、理論と政治のさまざまな領域で、敵対性を否認することの帰結を吟味することに割かれるはずだ。民主主義政治の目的を、合意ないしは宥和の観点から捉えようとすることは概念的に誤りであるだけでなく、さらに、政治的にいってきわめて危険であるということ、これが私の主張のポイントである。われわれ／彼らの区別が乗り越えられた世界への熱望は誤った前提にもとづくものであり、このようなヴィジョンを共有する者は、民主主義政治が直面している現実の課題を見失うだろう。

たしかに、敵対性に対し盲目であることは、いまにはじまることではない。民主主義理論は長いあいだ、人間の、内面的な善良性、および原初的な無垢が、民主主義の存続を確証する必要条件であるという信念に支えられてきた。人間の社交性について、本質的に共感能力と互酬性に動かされるという理想化された見解があるが、一般的にいってこれこそが近代の、民主主義政治の思考の基礎を規定してきたのだ。暴力や攻撃性は原始的な現象であって、交換関係が拡大深化し、理性的な参加者が社会契約を媒介にして透明なコミュニケーションを打ち立てていく過程で次第に消滅に向かうものとみなされる。そしてこの楽観的な見解に異論を唱える者は、自動的に、民主主義の敵とみなされたのである。人間の社交性の両義的な特質や、あるいは互酬性と攻撃性が分離しえないという事実を承認する人類学《アンスロポロジー》に基づいて民主主義のプロジェクトを構想しようという試みもなされなかったわけではない。ところが楽観的な人間学《アンスロポロジー》は、さまざまな学問分野を通じて学んだ事柄を意に介することなく、今日いまだに優勢である。たとえば、フロイトの死後半世紀以上たった現在、政治理論においては、精神分析理論への抵抗が依然として根強く、彼のいう、敵対性の抹消不可能性にかんする教訓はいまだに理解されていない。

　普遍的で合理的な合意の可能性を信じることは、民主主義的思考を誤った道へと導いていくと私は考える。民主主義の理論家と政治家の任務は、一般に「不偏不党」と信じられている手続きにしたがいながら、対立する利害と価値観のすべてを宥和に導く制度を立案することではない。たがいに異質でヘゲモニーを争う複数の政治的プロジェクトが対決するような、論争のための、活気に充ちた「闘技的な」[*1]公共領域の創造を構想することが任務になるべきなのだ。これは私の見解では、民主主義が効果的に作動するための**必須の条件**である。今日、「対話」や「討議」にかんする議論が盛んである。しかしながら、実質的な選択の余地がなく、討論の参加者がはっきりと違いのわかる選択肢のあいだで決めることができないとき、これらの言葉は政治的領域においていかなる意味をもつのだろうか?

　合理的合意が政治において達成可能と考え、民主主義の制度を、さまざまな社会問題にかんする合理的な答えをみいだすための方途とみなしているリベラル派は、政治的なものについての私の考え方を、「ニヒリスティックなもの」として論難するであろうことはまちがいない。

そしてまた、「絶対的民主主義」の可能性を信じる急進左翼の人々も、同じように論難するであろう。それに対して、闘技的な方法が、「政治的なもの」についての「真の」理解に依拠するものであると説得を試みたところで無駄である。そこで私は別のやりかたを選びたい。すなわち、ここで用いられる意味での「政治的なもの」の否定が民主主義政治にもたらす諸々の帰結をあきらかにしたいのである。合意を重視する方法が、社会の宥和の条件を創造することなく、むしろ敵対性――闘技を重視する立場は、これを、諸々の対立に正当である表現形態を与えることで回避しようとする――を出現させてしまうということをあきらかにしたい。このようなやりかたで私は、社会生活における対立の次元の抹消不可能性を承認することが、民主主義のプロジェクトを害するものではなく、むしろ民主主義政治が直面している難題を把握するのに不可欠の条件であることを示そうと思うのだ。

リベラル派の政治的言説においては合理主義が優勢である。それゆえに、私が政治的なものを適切に理解していくうえで決定的な洞察をみいだすのは、むしろ保守派の理論家からである。彼らは独断的な想定を、リベラリズムの弁護者以上にはげしく揺さぶることができる。だから

＊1　闘技性（agonism）と敵対性（antagonism）はムフの議論の主要概念であり（これは本書第Ⅱ章で詳しく論じられる）、それゆえに、両者の違いに留意しながら読む必要がある。ムフは、対抗者（adversary）と敵（enemy）を区別するが、これは闘技性と敵対性の区別に対応する。すなわち、闘技する者として対峙するのが対抗者であり、敵対し、互いに相容れぬ状態にある者が敵である。

私は、リベラルな思想の批判を、物議をかもすことの多い思想家、カール・シュミットに依拠して遂行しようとするのだ。私は、リベラリズムへの敵対者としてはもっとも卓越していて非妥協的な者の一人だった彼から学べることはきわめて多いと確信している。もちろんシュミットがナチズムに加担したという事実ゆえに、このような選択が敵意を招きうることは十二分に自覚したうえでのことだ。多くの人はこの選択を、言語道断とまではいわなくても、倒錯的と考えるかもしれない。だが私が思うに、その理論家の著作と対話すべきか否かを決めるときに決定的な基準になるのは、理論家の道徳的な資質ではなく、むしろ知的な力であるべきなのだ。

　多くの民主主義の理論家は、シュミットの思想にかかわることを道徳的な理由から拒んでいるが、これこそが、ポスト政治の**時代精神**《ツァイトガイスト》の特質をなす道徳的な傾向を象徴するものである。じつのところ、このような傾向を批判することが、私の考察の核心にある。本書の中心的な命題は以下のようなものである。ポスト政治を唱導する理論家が信じさせようとすることとは逆に、現在生じているのは、対抗的次元をもった政治的なものの終焉ということではなく、それとは異なる事態である。現在生じていること、それは政治的なものがいまや**道徳の作用領域**《レジスター》で上演されているということである。言い換えると、政治的なものはいまだにわれわれ／彼らの区別に基づくのだが、しかしながらここでいうわれわれ／彼らは政治的な範疇で定義されず、いまや道徳的な用語で定められるのである。私たちは「右派と左派」（'right and left'）のあいだの闘争ではなく、「正と誤」（'right and wrong'）のあいだの闘争に直面しているというわけなのだ。

第Ⅳ章では、右翼ポピュリズムとテロリズムの事例を用いて、このような置き換えが国内および国際政治におよぼす帰結を検証し、さらにこれが引き起こす危険をあかるみに出すつもりである。私の主張は、対立に「闘技的な」形態を与えてくれる回路が利用できない場合、これらは敵対的な様態で出現する傾向にあるというものだ。いまや、われわれ／彼らの対決は、「対抗者」間の政治的対決としては構成されず、むしろ、善と悪の対決というように、道徳的なものとして可視化される。異議申し立てする者は、闘技する者として処遇されずに、むしろ解体されてしかるべき敵として知覚される。かくして、現存する秩序の基本要素《パラメーター》そのものに疑義を突きつける敵対性の潮流があらわれているのである。

もう一つの主張は、われわれ／彼らの区別をつねにともなう集合的アイデンティティの本性にかかわる。これら集合的アイデンティティは政治において中心的な役割を担っている。それゆえに民主主義政治の課題は、この集合的アイデンティティを合意によって乗り越えることではなく、むしろ民主主義的な対決を活気づけるようなやりかたで構成していくことである。集合的な同一化によって動員される情動的次元を無視し、これらの原始的とでもいうべき「情念」は、個人主義が到来し、より理性的になれば消滅すると想像するのは、リベラルな合理主義特有の過誤である。このことゆえに、民主主義理論においては、「大衆的な」政治運動、ひいてはナショナリズムといった現象の本性を捉えるための方法が不十分なのである。政治における「情念」の果たす役割をみれば、リベラル派の理論が「政治的なもの」を把握するためには、価値の多元性の実在を認め、寛容を賞賛するだけでは不十分であることがはっきりとわかる。民主主義政治は、諸々の利害や価値のあいだに妥協点をみいだしたり、あるいは共通の善について討議したりすることに限定されない。それはさらに、人びとの欲望と幻想を現実的に考慮に入れるべきである。民主主義的な企図に向けて情念を動員できるようになるには、民主主義政治は、党派的な特質をもたなければならない。これが左派／右派の区別の効用である。ポスト政治を唱導する理論家の、「左派と右派を超えて」考えよという呼びかけに抵抗しなければならないのだ。

「政治的なもの」についての考察から導き出される最後の教訓は以下のようなものである。「ヘゲモニーを超える」秩序に達する可能性が閉ざされるとして、それはコスモポリタンの企図にとってなにを意味するのか？　一つの権力が、みずからの利害を人間性一般の利害と一致させることでみずからの支配の事実を隠蔽しつつ、世界規模のヘゲモニーを確立することでしかないのではないか？　東西対立という二極システムの終焉をコスモポリタン民主主義という希望をもたらす出来事と捉える多くの理論家とは反対に、一極的な秩序がもたらす現在の危険は、多極的世界があらわれ、ヘゲモニー的権力の多元性を許容するいくつかの地域的極のあいだに均衡がもたらされることでのみ回避されるのだ。これだけが、唯一の強大な権力のヘゲモニーを回避する方途なのである。

「政治的なもの」の領域においては、マキアヴェッリによる決定的な洞察が、いまだに熟考に値する。「各々の都市［国家］では、次の二つの欲望がみいだされる。すなわち、人民の側に立つ者は、自分より強大な者に指令され、抑圧されることを憎む。そして、強大な者は、人民に指令し、彼らを抑圧することを好む」。ポスト政治という立場を定義するのは、まさにこの潜在的な敵対性が消滅しつつある時代に突入しているという主張である。そして、このことゆえにこの立場は、民主主義政治の未来を危険にさらしうるのである。

第Ⅱ章

政治と政治的なもの

Two
Politics and the Political

この章では、現在の「ポスト政治的」**時代精神**《ツァイトガイスト》に対する批判の基礎になる理論的枠組みを描いてみよう。その中心的な主張は、以前の著作のいくつかで展開したものであり[†1]、それゆえにここでは、本書で提示する議論にふさわしい側面にかぎって論じるつもりである。もっとも重要な点は、「政治」（'politics'）と「政治的なもの」（'the political'）のあいだに設けた区別に関連している。たしかに日常言語で「政治的なもの」が語られることは稀である。しかしながら私が思うに、この区別は、考察を進めていくにあたって重要で新しい道を開くものであり、政治理論家の多くがこの区別をおこなっている。しかしながら困難なのは、この用語の各々に付与される意味をめぐって政治理論家のあいだに同意が存在しないことであり、そしてこのことが、若干の混乱を引き起こしていることである。だからといって、いくつかの基準点を提供するような共通事項がないわけでもない。たとえばこうして区別することで、二つの方法の違いが示唆されることになる。「政治」の経験的領野を扱う政治学と、「政治」の事実ではなくて「政治的なもの」の本質を探究する哲学者たちの領分に属する政治理論の二つである。もしこの区別を哲学的なやりかたで表現するとしたら、ハイデガーの用語を援用しつつこう述べることができるだろう。政治は「存在的」レヴェルに関連するものであり、「政治的なもの」は、「存在論的」レヴェルにかかわるものであると。このことは、存在的なものは、通常おこなわれている政治のさまざまな実践にかかわるものであり、存在論的なものは、社会が制度化されていくありかたそのものにかかわるものであることを意味する。

しかしながら、こうしたところでやはり、「政治的なもの」を構成するものにかんして意見が食い違う可能性は残る。たとえば政治的なものを、自由と公共的な討議の空間と考えるハンナ・アーレントのような理論家もいれば、それを権力、対立、敵対性の空間と捉える理論家たちもいる。「政治的なもの」について、私ははっきりと後者の立場に属している。より正確にいうと、権力、対立、敵対性という観点から「政治的なもの」と「政治」を区別するのである。「政治的なもの」は敵対性の次元を意味している。私はこの次元を人間の社会を構成するものと捉えている。それに対し「政治」とは、実践と制度の集合を意味している。その諸々の実践と制度の集合を介して一つの秩序が形成され、政治的なものが与える対立性の条件の下で人間の共存を組織化するのである。

本書における探究の主な領域は、民主主義政治の現在の諸実践に関連しており、それゆえに「存在的」レヴェルに位置づけられる。しかしながら思うに、現在、政治的なやりかたで思考できないことの根本的な理由は、存在論的なレヴェルで「政治的なもの」を理解できないことにあるのだ。本書での議論の重要な部分は理論的な性質のものであるが、にもかかわらず、中心的な目標は政治的な性質のものである。「政治的なもの」の本性をめぐる議論で賭けられているのは、まさしく民主主義の未来であると、私は確信しているのだ。まず、民主主義理論で支配的である合理主義的方法が、民主主義政治にとって決定的な問いを提起することをいかにして妨げているかを示そうと思う。だからこそ、民主主義政治が今日直面している難題を把握することを可能にしてくれるべつの方法が至急必要なのだ。

敵対性としての政治的なもの

探究の出発点になるのは、社会が直面している諸問題を**政治的な**やりかたで把握できない現状である。このことが意味するのは、政治的な問いは、専門家だけが解くことのできる技術的な問題ではないということだ。厳密にいって政治的な問いはつねに決断を求めるが、これは私たちに、複数の対立している選択肢のなかから選択することを要求する。私は、このように政治的に思考できない理由が、リベラリズムの有無をいわさぬヘゲモニーにあると主張したい。そして、ここでの考察の重要な部分は、リベラリズムの諸観念が人文諸科学および政治学におよぼす影響を検討することに捧げられるだろう。本書の目的は、政治の領野におけるリベラリズムの中心的欠陥――敵対性の打ち消しがたい特質を否認すること――を白日の下にさらすことである。私が現在の文脈で理解している「リベラリズム」は哲学的な言説に関係している。この言説は多くの変種をともなっており、しかも共通の本質で統一されず、むしろウィトゲンシュタインがいう「家族的類似性」[*1]とでもいうべきものによって、大雑把にひとまとめにされている。もちろんそこには、多くのさまざまなリベラリズムがあり、いくつかは他のもの以上に進歩的かもしれないが、しかしながら少々の例外（アイザイア・バーリン、ジョセフ・ラズ、ジョン・グレイ、マイケル・ウォルツァーなど）を除くと、リベラリズムの思考で支配的な傾向には、合理主義的で個人主義的な方法という特徴がそなわっている。この方法は、集合的アイデンティティの本性を認識するのをあらかじめこばんでいるのだ。このたぐいのリベラリズムは、多元主義（pluralism）のひき起こす対立――いかなる合理的な解決もありえないような対立――をともなった、社会的世界の多元的性格を正しく把握することができない。たいていのリベラル派は、多元主義を次のように理解する。私たちは多くの観点と価値観が漂う世界に生きており、しかも経験上の制約ゆえに、このすべてを受け入れることができない。しかしながら、これらが一つにまとまれば、調和して対立のない集合を構成することになるだろう、と。こうした理解ゆえに、このたぐいのリベラリズムは、敵対的な次元における政治的なものを否認するのである。

このように理解されるリベラリズムに対するもっともラディカルな挑戦は、カール・シュミットの著作にみいだされる。私は、リベラル派の前提と対決するにあたって、彼の挑発的な批判を動員することにしたい。『政治的なものの概念』でシュミットは、リベラリズムの純理論的で厳密な原則にしたがうかぎり、政治的なものについての固有の概念は獲得できないと断言する。彼の観点では、首尾一貫した個人主義はすべて、政治的なものを否認する。なぜならそれは、個人が究極的な参照点になることを要求するからだ。彼はこう述べている。「リベラリズムの思考は、きわめて体系的なしかたで、国家および政治を回避ないしは無視する。そして、

*1 ルートヴィヒ・ウィトゲンシュタイン『哲学探究』（藤本隆志訳、大修館書店、一九七九年）六九-七一頁を参照のこと。彼はそれが、「一つの家族の構成員の間に成り立っている様々な類似性」であること、「体つき、顔の特徴、眼の色、歩きかた、気質、等々」が重なり合い、交差するところにみいだされる類似性であると述べている。たとえば、母と娘の目と耳、兄と妹の口元と眉根、父と息子の姿勢、祖母と孫娘の声色……というように、総体的というよりはむしろ、断片的にみいだされる類似性のことをさす。

その代わりに、二つの異質の領域、すなわち倫理と経済、知性と貿易、教養と財産という典型的な、そしてつねにくり返しあらわれる両極のあいだを動揺するのである。国家および政治に対する批判的不信は、どこまでも個人こそが**出発点**であり**終着点**であるという、体系の諸原理から容易に説明される」[†2]。リベラリズムの思考の特徴である方法論的個人主義は、集合的アイデンティティの本性の理解をあらかじめ回避してしまう。さらにシュミットにとって、政治的なものの基準、すなわち**種差的差異**（*differentia specifica*）は、友／敵の区別のうちにある。政治的なものは、「彼ら」に対立するものとして「われわれ」を構成することに対応するのであり、そしてつねに、同一化の集合的な形式にかかわる。それは、対立と敵対性なしにはありえず、それゆえ決断の領域であって、決して自由な議論の領域ではない。シュミットにしたがうならば、政治的なものは、「ただ友／敵結束の現実的可能性と関連づけることによってのみ理解されるものであり、そこから政治的なものに対する、どのような宗教的・道徳的・美的・経済的評価がでてくるかは、どうでもよいことなのである」[†3]。

シュミットの方法の主要点は、あらゆる合意が排除の行為に依拠することを示し、このことで、完全に包括的な「合理的」合意の不可能性をあきらかにすることにある。ところですでに示唆したように、ほとんどのリベラルな思考のもう一つの主要な特質としては、個人主義と並んで、理性に基づく普遍的合意の可能性に対する合理主義的な信仰があげられる。それゆえ政治的なものがリベラリズムの盲点となっていてもなんの不思議もない。政治的なものはリベラリズムの合理主義では把握不可能だが、それは、あらゆる一貫した合理主義が、敵対性の抹消が不可能であることを否認するという単純な理由によるのだ。リベラリズムは敵対性を否認しなければならない。なぜなら敵対性は、決断という逃れようのない瞬間——決定不可能な地勢で決断しなければならないという強い意味合いで——を前面に押し出すことにより、あらゆる合理的合意の限界をあきらかにするからだ。だからこそ、リベラルな思考が個人主義および合理主義に固着するかぎりで、敵対的な次元における政治的なものに対するその盲目性はたんなる経験的な見落としではなく、むしろ構成的な見落としなのである。

シュミットは次のようにいう。「国家・教会その他による個人の自由の制約に対する論争的《ポレミカル》対立物としてのリベラリズム的政策は、商業政策・教会および学校政策・文化政策としては存在するが、しかし、リベラリズム的政策そのものとしては存在しないのであって、つねにただ、政策のリベラリズム的批判であるにすぎない。リベラリズムの体系的理論は、ほとんど国家権力に対する国内政治的闘争のみにかかわる[†4]」。しかしながら彼によれば、政治的なものを無化しようというリベラリズムの試みは失敗する運命にある。政治的なものは消滅しない。なぜならそれは、人間の、きわめて多様である活動から活力をえるからだ。「いかなる宗教的・道徳的・経済的・人種的その他の対立も、それが実際上、人間を友／敵の両グループに分けてしまうほどに強力である場合には、政治的対立に転化してしまう[†5]」。

『政治的なものの概念』は、もともと一九三二年の出版だが、しかしながらシュミットの批判はいついかなるときより、むしろいま妥当なものになっている。もし出版以来の、リベラリズムの思考の進化を検討するなら、それが経済と倫理のあいだをつねに揺れ動いていることがわかるだろう。概して、今日、リベラリズムの主要なパラダイムは二つ抽出することができる。第一のパラダイムはときに「利益集約的」と呼ばれるもので、政治を、社会において異質であり、たがいに競合している諸力のあいだに妥協を設ける試みとして理解する。そこで個人は合理的存在、すなわち自分の利益の最大化を目的とするものと捉えられる。つまり彼らは政治的なものの世界では、基本的に、目的‐手段連関にしたがって行為する者とみなされるのである。この場合、政治の領域に適用されるのは市場の観念であり、政治は経済学から借用される諸概念で把握される。もう一つのパラダイムは、「討議的」なものである。これは、前述した目的‐手段連関の道具的なパラダイムに対する批判として展開され、道徳と政治のあいだに連繫をつくりだすことを目的とする。このパラダイムの唱導者は、目的‐手段連関の合理性を、コミュニケーション的な合理性で置き換えようとする。彼らは政治的討論を、道徳が適用される特殊な領野と捉え、また、政治の領域では合理的で道徳的な合意が、自由な討論を経ることで可能になると考えるのである。この場合、政治は経済ではなく、倫理ないしは道徳を介して理解されるのである。

討議モデルの主要な提唱者であるユルゲン・ハーバーマスは、シュミットが、合理主義者による政治的なものの理解のやりかたに対して提起した挑戦を十分に理解しているが、しかしながらそれを、次のように主張することで厄介払いしようとする。合理的合意の可能性に疑問をいだき、のみならず政治について、不一致が当たりまえの領域であると断言する者は、民主主義の可能性そのものを掘り崩す、と。そして次のようにいうのである。「正義にかんする問いが、生の相対立する諸形態についての倫理的な自己理解を超えることができず、さらに、実存的に関連している価値観、対立、敵対が、論争的な問いのすべてを貫かなければならないのだとしたら、最終的な分析においては、政治についてのカール・シュミットの理解に類似したものに帰着するだろう[†6]」。

　政治的なものについてのこのような理解は民主主義的な企図とは正反対のものだと断言する、ハーバーマスをはじめとするすべての人に反対して、以下のように提起したい。友／敵の区別が可能性としてではあれつねに現存していることと、政治がその本性上、対立をはらむことを強調するシュミットの議論は、民主主義政治の目標を認識していくうえで出発点になる、と。「政治的なもの」をその敵対的な次元において承認することで、民主主義政治にとって中心的な問いがようやく提起できるようになるのだ。この問いは、リベラル派の理論家には**失礼ながら**、競合する利害のあいだにいかにして妥協をみいだすかというものではない。あるいは、「合理的な」、すなわち十分に包括的で、いかなる排除もない合意にいかにして到達するかでもない。多くのリベラル派が信じ込ませようとする事柄がいかなるものであれ、民主主義政治の種差性は、われわれ／彼らの敵対を乗り越えることにあるのではなく、むしろこの敵対を設定するやりかたの多様性にこそあるのだ。民主主義が必要とするのは、われわれ／彼らの線引きを、現代の民主主義の構成原理である多元性の承認と両立可能なしかたでおこなうことなのだ。

多元主義と友／敵関係

もちろんこの点で、私たちはシュミットと意見を異にする。なぜなら彼は、民主主義の政治的共同体の内部において多元主義の余地はないと決然と主張するからである。彼が理解したところによれば、民主主義は、同質的な**民衆**《デモス》の存在を必要とするのであり、このことによって一切の多元主義の可能性は排除されている。だから彼は、リベラルな多元主義と民主主義のあいだに乗り越えがたい矛盾をみいだしたのだ。彼にとって、唯一可能で正当な多元主義は、諸国家の多元主義である。だから私がここでやろうとするのは、「シュミットとともに、シュミットに抗しつつ」思考することである。シュミットを援用するからといって、リベラル民主主義の政治そのものを否定しようとは思わない。むしろ、その新たな理解を提示するために、リベラルな個人主義と合理主義に対するシュミットの批判を活用するのである。

私の見解では、シュミットの中心的な洞察の一つは、政治的アイデンティティは、特定の類型のわれわれ／彼らの関係、すなわち、きわめて多様な社会的諸関係の形式からあらわれうる友／敵の関係にあるという主張である。政治的アイデンティティの本性が関係的であることを示すことで、彼はたとえばポスト構造主義——これはのちに、ありとあらゆるアイデンティティの関係的な特質を強調することになる——のような、いくつかの思考の流れを予見している。今日では、こうした理論的展開のおかげで、シュミットが力強く主張したにもかかわらず理論化しないまま放置した事柄をよりよく精緻なものにすることができる。課題は、彼の洞察を異なる方向へと展開することである。友／敵の区別を［シュミットとは］べつのやりかたで理解すること、すなわち民主主義的な多元主義と齟齬をきたさないやりかたでの理解が可能なことを示すことである。

「構成的外部」という概念は、このような企図にはとりわけ有効であるように思われる。なぜならそれは、アイデンティティの構成において問題になる事柄をあかるみに出すからである。これは、ヘンリー・ステーテンが、「**代補**」「**痕跡**」「**差延**」といった概念をめぐってジャック・デリダが展開したいくつかのテーマに言及するときに提示した概念である。[†7] その目的は、アイデンティティの創出が、差異の確立——これはしばしば、たとえば形式と実体、黒人と白人、男と女といった位階性にもとづいて構築される——を含意するという事実を強調することにある。あらゆるアイデンティティが関係的であること、差異の肯定がアイデンティティの存在の前提条件であること、すなわち差異の肯定とはアイデンティティの「外部」を構成するなんらかの「他者」の知覚であること——これらのことを理解するならば、おそらく、敵対性はつねに実在している可能性であるというシュミットの主張をよりよく理解し、さらに、社会的関係がいかにして敵対性を醸成する土壌になりうるかについても、理解を深めていくことができるだろう。

集合的アイデンティティの領域では、つねに、「彼ら」との区別においてのみ存在しうる「われわれ」の創出に出くわすことになる。これはもちろん、そのような関係が必ず友／敵の関係、つまり、敵対関係になることを意味しない。しかしながら、ある条件においては、ここでいうわれわれ／彼らの関係が敵対的なものに**なり**うる、すなわち友／敵の関係へと転化する可能性があることを認識しておかなければならない。これは、「彼ら」が「われわれ」のアイデンティティを疑問に付すものとして、そして「われわれ」の存在を脅かすものとして知覚されるようなときに生じる事態である。このような転化以降、たとえばユーゴスラビアの解体の事例が確証するように、われわれ／彼らの関係の形式——宗教的、民族的、経済的、あるいはそれ以外のものであれ——は、敵対性の宿る場になろう。

もちろんシュミットにとって、ここでいうわれわれ／彼らの関係が政治的なものになるには、友／敵の関係という敵対的な形式をとらねばならない。それゆえにシュミットは、政治的な連合《アソシエーション》体内部に敵の存在することを許容できなかったのである。彼は、敵対的な多元主義が政治的統一体の存続にもたらしかねない危機について警告したが、これは正しかったのだ。しかしながら、のちに論じるように、友／敵の区別はあくまでも、政治的なものを構成する敵対的な次元を表現しうる形式のうちの、ただ一つのものでしかない。敵対性がつねに可能性として実在することを承認するだけでなく、さらに、われわれ／彼らをべつのやりかたで構成する政治的様態を想像することもできるのである。このような方向性をとるならば、民主主義政治の課題が、われわれ／彼らをべつのやりかたで確立することによって、それが敵対性へと暴発するのを遠ざけようとすることにあるのがわかるだろう。

この点をさらに展開する前に、これまでの考察から、最初の理論的結論を導き出すことにしよう。この段階で、われわれ／彼らの区別が、政治的なアイデンティティが形成される可能性の条件であり、つねに敵対性の宿る場になりうると主張できるはずだ。政治的なアイデンティティのありとあらゆる形式はわれわれ／彼らの区別をともなっている。このことはつまり、敵対性が出現する可能性を除去するのは絶対に不可能であることを意味する。それゆえに、敵対性が取り除かれた社会の到来を信じたところでそれは幻想でしかない。シュミットがいうように、敵対性は、つねに実在している可能性である。政治的なものは、私たちの存在論的条件に属するのである。

ヘゲモニーとしての政治

「政治的なもの」を問うにあたって、敵対性の次に主要な概念はヘゲモニーである。「政治的なもの」を、つねに可能性として実在している敵対性とみなすためには、社会に根源的な基底が欠如していることと折り合いをつけ、さらに、あらゆる秩序に通底している決定不可能性の次元を承認することが要求される。言い換えるなら、あらゆるたぐいの社会秩序の本性がヘゲモニー的であること、さらに、あらゆる社会が、偶有性という条件のもとで秩序を打ち立てようとする実践の諸系列の産物であるという事実を承認することが要求されるのである。エルネスト・ラクラウが示唆するように、「この意味で、ヘゲモニー的介入の二つの中心的特徴としては、ヘゲモニー的節合という「偶有的な」特質と、これら節合／表現が、いかなるアプリオリな社会的合理性にも依拠することなく制度化されるという意味での「構成的な」特質をあげることができる」[†8]。政治的なものは、ヘゲモニー的な制度化の行為と結合する。この意味で、社会的なものを政治的なものと区別しなければならない。社会的なものは、堆積した諸実践の領域に属する。つまり、それ自体では、あたかもおのずから根拠づけられたかのように自明視されているとはいえ、じつのところはその偶有的な政治的制度化という根源的行為を隠蔽している実践の領域に属している。堆積した社会的諸実践は、いかなる社会であれ、その構成の前提になる。それゆえに、すべての社会的絆が同時に疑問に付されることはない。社会的なものと政治的なものは、ハイデガーがいうところの**実存的なもの**、すなわち、あらゆる社会生活が必要とする次元なのである。もしも政治的なもの——ヘゲモニーという意味で捉えられる政治的なもの——が、社会的制度化の行為を可視化するものなら、なにが社会的で、なにが政治的かを、アプリオリに、現実の文脈から独立したところで決定しようとしても不可能である。社会は、社会自身にとって外在的である論理の展開とはみなされえない。たとえば生産諸力や、ヘーゲルのいう絶対精神の展開や、歴史法則など、この論理の源泉がいかなるものであっても、である。あらゆる秩序は、偶有的な諸実践の、一時的ではかない節合でしかない。社会的なものと政治的なものとの境界は本質的に不安定であり、絶えることのない置換と、社会的行為者のあいだでの絶えざる再折衝を要請するのである。物事は、つねに別様でありうるのであり、それゆえ、あらゆる秩序はべつの可能性の排除を成立条件とする。この意味で、それは「政治的」と呼ばれるのだが、なぜならそれは、権力諸関係の特殊な構造の表現だからだ。社会的なものは権力諸関係をとおして形成される。社会的なものは権力諸関係なしには存立しえないがゆえに、権力は社会的なものを構成するのである。ある時点で「自然な」秩序とみなされるもの――「常識」による下支えをうる――は、堆積した諸実践の所産であって、決して、それを生みだした［当の］諸実践に対して外在的な関係にある深遠な客体性の表出ではない。

この点は、以下のように要約できよう。あらゆる秩序は政治的であり、なにかしらの排除の形態に依拠するのだと。抑圧されているが、それでもふたたび現れることが可能な、べつの可能性がつねにひそんでいる。節合的実践においては、ある特定の秩序が確立され、社会制度の意味が定められるが、これこそが「ヘゲモニー的実践」なのだ。あらゆるヘゲモニー的実践は、対抗ヘゲモニーの実践――現存している秩序の打破を試み、そうすることでべつのヘゲモニーの形態を樹立しようとする実践――による挑戦を拒まない。

集合的アイデンティティが問題である場合にも、同様の状況にいることがわかる。私たちはすでに、アイデンティティが事実上、同一化過程の産物であること、そして決して完全には固定化しないことをみてきた。同一化過程に先立つところに存在するアイデンティティ、つまり、本質主義的なアイデンティティを表現する「われわれ／彼ら」の敵対関係に直面することなど、決してありえない。そのうえさらに、すでに強調したように、「彼ら」は「われわれ」の可能性の条件になる「構成的外部」を表象するが、このことは、特定の「われわれ」は、つねに「彼ら」に依拠しつつ、そこから分化する過程で構成されていくということを意味するのである。これこそが決定的な点である。なぜならこう考えることにより、われわれ／彼らの関係は、「彼ら」がいかに構成されるか次第で、さまざまなものになりうることを認識できるからだ。

私はこれらの理論的な論点を強調しておきたい。なぜならこれらは、民主主義政治のために私が提唱しているオルタナティヴな方法にとって、不可欠な枠組みを構成するからだ。民主主義的な多元主義の可能性を肯定しつつ、敵対性の抹消不可能性を公準とするには、シュミットに**抗して**、これら［民主主義と多元主義の］二つの立場はたがいを否定しないと主張しなければならない。ここで肝要な点は、われわれ／彼らという敵対の形態を、多元的な民主主義と齟齬をきたさないようにするためには、敵対性はどのようなものへと変容すべきであるかを提示することだ。このような可能性がない場合、次の代案のいずれかを選ぶしかない。すなわち、シュミットとともに、リベラル民主主義の矛盾した本性を信じるか、それとも、リベラル派とともに、対抗モデルが除去される可能性を民主主義に向かう一階梯として信じるか、である。前者の場合、政治的なものを承認するが、多元的な民主主義の秩序の可能性を閉ざすことになる。後者の場合、リベラル民主主義についてのまったく不適切な反政治的な観点を公準とみなすことになる。この否定的な結果については以下につづく諸章で検討したい。

民主主義政治にふさわしいわれわれ／彼ら関係はどのような形態か

先の分析にしたがうなら、民主主義政治の主要な課題の一つは、社会的諸関係において存在している潜在的な敵対性を緩和することにあると思われる。われわれ／彼らの関係を乗り越えることによってではなく、それを異なるやりかたで構築することでしかその潜在的な敵対性が緩和されないことを認めるなら、次の問いが導き出される。敵対性の関係を「和らげられたもの」へと構築するものはなにか？　どのような形態のわれわれ／彼らの関係だろうか？　対立は、それが正当性のあるものとして受容されるためには、政治的な連合体《アソシエーション》を破壊しない形態をとる必要がある。このことは、対立的な関係にある党派のあいだに、なんらかの共通の絆が存在しなければならないことを意味している。そうすれば、対立している党派は、敵対的な友／敵関係につきまとう、相手の要求を正当性のないものとみなすことで、抹殺すべき敵として処遇する、といったことはなくなるだろう。しかしながらここでいう対立者を、諸々の利害を交渉で調整できたり、あるいは、討議によって調停できたりするような競合者とみなすべきではない。なぜならこのような場合においては、端的に敵対的な要素が除去されているからだ。一方で、対立の敵対的な次元が永続することを認め、他方で、それを「和らげること」の可能性を認めるのであれば、関係性の第三の類型をみいだす必要がある。これは、私がかつて「闘技」と呼ぶことを提案した関係性の類型である。[†9] 敵対関係は、われわれ／彼らが、いかなる共通の土台も共有しない敵同士の関係性であるが、闘技は、対立する党派が、その対立に合理的な解決をもたらすことなど不可能と知りつつも、対立者の正当性を承認しあう関係性である。そこでは、彼らは「対抗者」であり、敵ではない。つまり彼らは対立において、自分たちが同じ政治的連合体に属しており、共通の象徴的空間――そこに対立が発生する――を共有する者と把握する。民主主義の課題は、敵対関係を闘技へと変容させることといえるのである。

「対抗者」が民主主義政治にとって決定的なカテゴリーである理由は、まさにこのことゆえである。対抗モデルが敵対性を闘技に変容することを可能にするがゆえに、それは民主主義を構成するものとみなされねばならないのである。言い換えるなら、それをとおして潜在的敵対性が闘技的なしかたで表出されうる制度や実践を築きあげていくことのおかげで敵対性の次元が「緩和」されうるのはいかにしてか、対抗モデルはそのことを理解するための手助けとなるのだ。本書でたびたび触れるように、異議申し立てする声のために闘技的で正当性をもった政治的回路が存在するなら、敵対的な対立は出現しにくくなるだろう。さもなければ異議申し立ては、暴力的な形態をとる傾向を帯びるのであって、このことは国内政治であれ国際政治であれ、同様にあてはまるのである。

私はあらかじめ、以下のことを強調しておきたい。私が導入する意味での「対抗者」の観念は、リベラル派の言説にみられる用語の意味とはっきり区別されなければならない。なぜなら私が理解するところでは、敵対性は抹消しえず、むしろ、「昇華」されなければならないからだ。リベラル派にとって対抗者は、競合者でしかない。政治の場は彼らにとって中立的な領野でしかなく、そこで異なる集団が権力の位置を占有しようとたがいに競い合うと考えられているのだ。競合者たちの目的は、他者を退かしてそのあとをかわりに占めることでしかない。彼らは支配的なヘゲモニーに疑義を呈することなく、また、権力諸関係を根本的に変容しようと試みることもない。それはせいぜいのところ、エリート間の競合でしかないのだ。

逆に、闘技的闘争において問題となるのは、権力諸関係の布置そのもの——その周囲に所与の社会が構造化される——である。それは合理的なやりかたでは決して調停しえない、敵対するヘゲモニー的企図のあいだでの闘争である。敵対的な次元はつねに現前しており、また現実の対決であるが、しかしながらそれは、対抗者が受容している一連の民主主義的手続きによる制御のもとでおこなわれるのだ。

カネッティの議会制論

エリアス・カネッティは、「闘技的」諸関係の確立が民主主義政治の課題であることを完全に理解していた著述家の一人である。『群衆と権力』の「歴史における群衆」という章には、議会制システムの本性の分析に割かれたすばらしい箇所があるのだが、カネッティはそこで、このシステムがいかに相対立する軍隊の心理構造を活用し、殺害を断念した戦争という形態を実現しているのかについて示唆している。彼によれば、

議会の票決は一定の時点、一定の場所での、二つのグループの力の優劣を確かめること以外のなにものでもない。あらかじめ党派について知ったところで、たいした意味はない。ある党派は三六〇人の議員を擁するが、別の党派は二四〇人の議員しか擁していないかもしれない。だが、現実の**投票**は、両党派が実際に**力を比較される**瞬間として、依然決定的なものといえる。それは本来の致命的な衝突の名残りであり、それは威嚇や侮辱や肉体的な激昂——殴ったり投げとばしたりすることさえある——をともなうさまざまの方法で演じられる。だが、投票の計算がすめば戦いは終わる。[†10]

このあとで彼は、こうつけ加えている。「あらゆるこうした活動の厳粛さは、決定の手段としての死を断念したことに由来する。一枚一枚の投票用紙がいわば死をおしのける。しかし、殺害が敵の勢力に与えたであろう打撃は、数字によって良心的に表されている。そして、これらの数字を勝手に操作し、無効にしたり捏造したりする者はみんな、知らず知らずのうちに死というものをふたたび導入しているのである」[†11]。

これは、どうすれば敵が対抗者へと変容するかについてのすばらしい事例である。この事例から、民主主義制度のおかげで、対立が敵対的ではなく、闘技的なやりかたで実現されうることがはっきりとわかるのである。カネッティによれば、近代の民主主義と議会制は、人びとがよりいっそう理性的になり、それゆえに合理的に行為し、みずからの利益を追求し、あるいはみずからの公的理性を自由に行使できるようになった人類の進化におけるある段階の所産として捉えられるべきものではない――利益集約（aggregative）モデルや討議（deliberative）モデルに依拠する論者はそう把握するのかもしれないが。そして彼はこう断言する。

多数決は、より多くの票数を得たのだから、必ずより賢明な決定だ、と心から信じこむような者がいたためしはない。それは戦争のさいと同様、意志と意志のぶつかりあいである。どちらの側も正義と道理は自分の側にあると確信している。確信は容易に得られるし、自然に生じる。そして、政党の目的はまさにこれらの意志や確信を絶えず生動させることにある。票数で敗れた政党の党員は多数決にしたがうが、それはかれが突然自分の立場を信じなくなったからではなく、たんにかれが敗北を認めるからにすぎない。[†12]

カネッティの方法はきわめて示唆的であり、それを参照するならば、敵対性を闘技へと変容させ、そしてわれわれ/彼らを、民主主義的多元主義と両立可能なものへと構成していくさいに議会制が果たす重要な役割を理解できる。議会制度が破壊されたり、弱体化したりする場合、闘技的な対決の可能性は消滅し、敵対的なわれわれ/彼らに取って代わられるだろう。それはたとえばドイツの事例、議会政治の崩壊にともない、ユダヤ人が敵対的な「彼ら」になった事例について考えればあきらかである。私が思うに、これは、議会制民主主義において左派の側から異議申し立てする者にとって熟考に値する事柄である!

ところでここで、カネッティの著作の、もう一つの側面に言及しておこう。「群衆」現象についての考察である。これは、リベラリズムの政治理論において支配的な合理主義的観点を批判するとき、重要な洞察を与えてくれる。あらゆる種類の社会におけるさまざまな類型の群衆の放つ恒久不変の魅力を詳細に検討しつつ、彼はそれを、社会的行為者をつき動かすさまざまな欲動に帰している。一方には、個性と卓越性へと向かうものとして記述されうる欲動がある。しかしながら他方では、群衆の一部となって大衆と一体化するまさにその瞬間、忘我の境地に陥ることを求めるよう促す欲動もある。カネッティにとって群衆の魅惑は、原始的で前近代的なもの、近代化の進展につれて消滅するものではない。それは人間存在を、心理学的に規定するものの一部分なのだ。合理主義的方法はこの傾向を認めることを根本的に拒否するが、だからこそ彼らは政治的大衆運動に対応できず、それを理不尽な力の表出か「太古的なものの回帰」と捉えてしまうのである。反対にカネッティとともに、群衆の魅惑がつねに私たちにつきまとうものであることを認めるならば、民主主義政治に異なるやりかたでアプローチしなければならなくなる。いかにして群衆の魅惑は、民主主義制度を危うくしないやりかたで動員されうるか、という論点があらわれるのである。

ここで、集合的な同一化の諸形態の起源にある情動的力に言及するときに私が「情念」と呼ぶよう提案した事柄の次元にぶつかる。昨今の民主主義政治の理論は、利害の合理的計算（利益集約モデル）あるいは道徳的な討議（討議モデル）に依拠するので、「情念」の役割を、政治の領域で作動する主要な力の一つとして認識できず、情念のさまざまな表出に面と向かうならお手上げになる。これはまさしく、敵対性がつねに可能性として実在することを認めない態度と一致し、さらには、民主主義政治は、それが理性的であるかぎりにおいて、つねに個人の行為の観点から解釈可能であるという信念と一致する。もしこのように解釈可能でないなら、それは必然的に後進性に帰せられることになるだろう。後続する章でみるように、これは、「再帰的近代化」の唱導者が自分たちの主張と一致しないものを解釈するやり口である。

昨今、合意の意義が強調されることからすれば、人びとがますます政治に関心を失い、棄権率がますます上昇しつつあるのは驚くべきことではない。動員は政治過程を要するが、しかしながら政治過程は、世界は対立に満ちているという表象の産出を欠くなら存在しえない。人びとが同一化することのできる陣営が対峙し、そのことで情念が、民主主義の過程における勢力分布《スペクトル》内で政治的に動員されるかぎりにおいてのみ、政治過程は存在するのだ。ここで、投票のケースについて考えてみよう。合理主義的方法で把握しえないのは、人びとを投票へと赴かせるのは、ただ彼らの利益を守ること以上のなにかであるということだ。投票には、重要な情動的次元があり、そこで賭けられているのは同一化の問題なのだ。人びとは、政治的に行動するためには、集合的アイデンティティと同一化することができなくてはならない。なぜならそれは、人びとに、自分自身を価値評価できる観念を与えてくれるからである。政治的な言説は政策のみならず、アイデンティティもまた提供しなければならない。人びとにみずからの経験を理解できるようにさせ、さらに未来への希望もいだきうるよう手助けするようなアイデンティティを、である。

フロイトと同一化

それゆえに、政治の情動的な次元を考慮に入れることは、民主主義理論にとって決定的に重要であり、精神分析学を真剣に検討することが必要となってくる。「同一化」過程にかんするフロイトの分析は、集合的アイデンティティの形成において作動するリビドーの備給をあかるみに出すが、これは敵対性の出現にかんして重要な手がかりを与えてくれる。フロイトは『文化への不満』で、人間存在に宿っている攻撃に向かう傾向性ゆえに、社会はいかなるときであれ分解の危機に瀕しているという見解を提示している。彼によると、「人間は、せいぜいのところ他人の攻撃を受けた場合にかぎって自衛本能が働く、他人の愛に飢えた柔和な動物などではなくて、人間が持って生まれた欲動にはずいぶん多量の攻撃本能もふくまれていると言っていいということである」[†13]。文明は、これらの攻撃的な本能を制御するために、さまざまな方法を練りあげねばならない。その方法の一つとしては、愛のリビドー的な本能を動員し、共通の絆をはぐくむことがあげられる。『集団心理学と自我の分析』で主張されるように、「集団はどうやら、何かある力によって一つにまとめ上げられているらしい。だがしかし、世界の内にある一切のものをまとめ上げているエロス以上の一体どんな力に、この働きを帰することができようか」[†14]。ここで目的とされるのは、共同体の構成員を強固に一つにまとめていくこと、つまり、共有されたアイデンティティへと束ねていくことである。集合的アイデンティティである「われわれ」は、リビドーが備給された帰結であるが、このことは必然的に、「彼ら」を定めることを含意する。たしかにフロイトは、対立のすべてを敵意とはみなかったとはいえ、それがつねに敵意になりうることに気づいていた。彼が示唆するように、「攻撃本能の対象になりうる他人が残存しているかぎり、かなりの数の人間を相互に愛で結びつけることはつねに可能だ」[†15]。このような場合、われわれ／彼らの関係は敵意に満ちたもの、すなわち敵対的な関係となるのである。

フロイトによれば文明の進化の特徴をなすのは、リビドー的な欲動の二つの基本的類型間での闘争である。それは生の欲動であるエロスと、攻撃と破壊の欲動であるタナトスの闘争である。彼はさらに、「これら二種類の欲動はめったに――おそらくはけっして――単独で現れるものではなく、混合比率はさまざまでまた非常に変動が多いのではあるが、たがいにまざりあっていて、そのためになかなか見分けにくいのだということが想像できた」[†16]と主張する。攻撃的な本能を消滅させることはできないが、それを武装解除することができる。その破壊的な潜在力を、フロイトが自分の著作で検討しているようないくつかの手段を用いて弱めることが可能である。私が示唆したいのは、闘技的なやりかたで理解される民主主義制度なら、人間社会につねにあらわれている敵意に向かうリビドー的な力の武装解除に貢献するのではないか、ということだ。

ジャック・ラカンの仕事を援用するなら、以上のことについての洞察をさらにすすめることができるだろう。ラカンは、フロイトの理論を発展させて、「享楽」(jouissance)の概念を導入するが、これは政治における情動の役割を探究していくためにはきわめて重要な概念である。ヤニス・スタヴラカキスが論じるように、ラカンの理論によれば、同一化の社会的政治的形態を存続可能なものにするのは、それらが社会的行為者に享楽の形態を与えるからである。スタ

ヴラカキスがいうように、

享楽という問題設定は、社会的政治的同一化とアイデンティティの形成において問われていることを具体的に答えるうえで役に立つ。すなわちそれは、社会的な幻想を支えるのが、部分的にではあれ、身体の「享楽」に立脚するものであることを示唆するのである。ラカンの理論によれば、これらの領域で問われるのは、象徴的なものの一貫性や言説の閉鎖性だけでなく享楽、人間の欲望を活性化する享楽（jouissance）なのだ。[†17]

これと同様の方向で、スラヴォイ・ジジェクは、ラカンの享楽の概念を使ってナショナリズムの魅力を説明する。『否定的なもののもとへの滞留』で彼はこう述べる。

ある特定の共同体を統合する要素は、決して象徴的同一化の地点に還元してしまうわけにはいかない。というのも、共同体の構成員を結びあわせる紐帯は、つねに具現化した［受肉した］〈享楽〉としての〈モノ〉に対して［メンバーのあいだで］分かち持たれた関係をふくんでいるのだから。幻想によって構造化されたこのような〈モノ〉との関係。私たちが〈生活様式〉に脅威を与える〈他者〉について語るとき、実際に危機にさらされているものとは、この私たちと〈モノ〉との関係である。[†18]

ナショナリズムを構成する諸々の同一化の形態において、情動の次元はきわめて強力である。ジジェクは次のようにつづけている。「かくして、ナショナリズムは、享楽が社会的領野へと噴出するための格好の場所を提供することになる。ネーションの〈大義＝原因〉とは、結局のところ、ある一定のエスニシティの共同体を構成する諸主体たちが、ネーションの神話を通じて自分自身の享楽を組織する様式にほかならない」[†19]。集合的な同一化が、つねに、われわれ／彼らの分化を通じて生じることに留意するなら、ナショナリズムがいとも容易に敵意へと転化することがわかるだろう。ジジェクにしたがうならば、ナショナリストの憎しみが生じるのは、他のネーションが私たちの享楽を脅かすものとして知覚される場合であるということができる。つまり憎しみの起源は、社会集団が、みずからの享楽が欠如している理由について、それを「盗む」敵がいるからだと考えることにあるのである。ナショナリズム的な同一化が友／敵関係へと転化するのを回避するやりかたを認識するには、それらを支える情動的な紐帯の存在を認める必要がある。合理主義的方法が締めだしてしまうものはまさしくこれであり、それゆえにリベラリズムの理論は、ナショナリズム的な敵対性の噴出を前にしてなす術がないのだ。

フロイトとカネッティから導き出される教訓は、個人主義化をきわめた社会であっても、集合的な同一化はずっと必要とされるということだ。それは人間存在の実存の様態を構成するからである。政治の領野では、こうした同一化は中核的な役割を果たすのであり、民主主義の理論家は、集合的な同一化が与える情動的な紐帯のことを考慮に入れなくてはならない。「ポスト慣習的」なアイデンティティのおかげで、政治的な問題が合理的に処理される時代に移行しつつあるなどと信じるならば、情動を民主主義的に動員することの意義を見逃すことになり、そのせいでこの領域を、民主主義を掘り崩そうと望む人びとに譲り渡すことになりかねない。政治から情念を除去することを望み、民主主義政治が、理性、慎み、合意といった観点からのみ理解されるべきであると主張する理論家は、政治的なものの力学を理解していない。彼らは、民主主義政治が、人びとの欲望と幻想に現実的に働きかけていくべきであり、そして、利害を感情に、理性を情念に対置するかわりに、民主主義的実践へと結びついていく同一化の形式を提示すべきであることを理解していない。政治にはつねに、「党派的な」次元が備わっており、それゆえに政治に関心をいだく人びとは、現実の選択肢を提示する政党のあいだで選択が可能である必要がある。だが、これこそがまさしく、「党派なき」民主主義を賞賛する現代の趨勢に欠落している事柄なのだ。いまや支配的な、合意を至上とする政治は、たとえいろいろな場所でいやというほど聞かされるにせよ、民主主義における進歩をあらわしているとはとうていえない。それは結局、ジャック・ランシエールがいうところの「ポスト民主主義」を生きていることの表徴でしかない。彼の見方では、今日、合意を求める実践は、民主主義のモデルとして提示されているが、これは、民主主義の死活にかかわる核心を構成するものの消滅を前提している。彼は次のように述べている。

ポスト民主主義とは、民衆《デモス》**の後に来る**者による民主主義、すなわち民衆の現れ[*2]（appearance）、民衆の計算違い、民衆による係争が一掃された民主主義による統治の実践であり、概念的正当化である。したがってそれは国家装置および、エネルギーと社会的利害の構成物からなる、たんなるゲームに還元しうるものである。（…）それは、国家の諸形態と社会関係の状態とを余すところなく適合させる実践と思考である。[†20]

ここでランシエールが指摘しているのは、異なる用語を用いているにしても、私たちと同様に、ポスト政治的な方法が、政治的なものを構成し、民主主義政治に固有の原動力を与える対抗的な次元を消去するということなのだ。

闘技的な対決

多くのリベラル派の理論家は、政治の敵対的な次元と、政治的アイデンティティの構築における情動の役割を認めようとしない。なぜなら彼らは、まさに民主主義の目的そのものであるとされる合意の実現を危うくすると考えるからだ。彼らには、闘技的な対決が、民主主義を危うくするどころか、むしろその存在条件であることが理解できない。対立を承認し、正当なものと考え、権威主義的な秩序を課して抑えつけることはしないというのが、近代民主主義の種別性である。多元的なリベラル民主主義の社会は、有機的身体――これは全体論的な組織の様態の特質である――としての社会というシンボリックな表象と袂を分かち、対立の存在を否定せず、むしろ対立が対抗的な形態で表現されることを許容する制度を提供する。時代遅れの左右の対立に取って代わるとうそぶきながら、合意の政治を称揚する昨今の傾向をきわめて警戒せねばならないのは、まさにこのためである。民主主義がよりよく機能するには、複数の、それぞれに正当とされる民主主義政治の立場のあいだに衝突が生じることが求められる。これこそが、左派と右派の対決の存在意義なのである。このような対決は、政治的な情念を動員するほど力強い集合的な同一化の形態をもたらすだろう。こうした対抗的な布置がないと、情念には民主主義的なはけ口が与えられず、多元主義の闘技的な力学の展開が妨げられるだろう。そ

＊2　日本語訳では「見せかけ」とあるが、本書では「現れ」の訳語を用いる。この語についてランシエールは、「すべてが見られ、当事者が余すところなく計算に入れられ、問題を客観視することによってすべてが解決されるような世界」（『不和あるいは了解なき了解』一七一頁）――これがまさしく彼のいうポスト民主主義の世界なのだが――の体制を変更し、形象化しなおす契機と定義する。すべてが見られる世界において不可視とされ、出現の余地が抹消された者――彼らこそが民衆である――が「現れる」こととはつまり、所与とされる社会的現実に係争を導入し、それを形象化しなおす実践、いわば「すべては見られ、何も出現することはない」（同前、一七二頁）状態において何かを出現させる実践と考えられよう。

して民主主義的な対決が、本質主義的な同一化の形態同士の対決か、もしくは決して交渉しえない道徳的な価値観同士の対決に取って代わられるという危険が生じる。政治的な境界線がぼやけるとき、政党への無関心が蔓延しはじめ、集合的アイデンティティの他の形態、すなわち、ナショナリスト的、宗教的、ないしは民族的な同一化形態が蔓延することになる。敵対性は多くの形態をとりうるのであり、それらが抹消可能と信じるのは幻想でしかない。敵対性が多元主義的な民主主義システムを通じて闘技的形態であらわれるようにすることが重要なのはこのためである。

リベラル派の理論家には、社会生活における第一の現実が争いであること、政治的な争点に合理的で不偏不党の解決策をみいだすことは不可能なことが理解できない。つまり、近代民主主義において対立が担う統合的な役割を理解できないのである。民主主義的な社会では、可能なオルタナティヴにかんする議論が必要とされるが、さらに集合的な同一化の政治形態を、それぞれにはっきりと差異化された諸々の民主主義的な立場を中心に配置しなければならない。合意はもちろん必要であるが、不和をともなうものでなくてはならない。合意が必要とされるのは、民主主義を構成する諸制度と、政治的連合体を特徴づける「倫理的政治的」価値観――万人の自由と平等――においてであるが、しかしつねに、それらの意味と、それらが行使されるやりかたをめぐって不同意が生じうるだろう。多元的な民主主義においてはそのような不同意は正当なだけでなく必要なのだ。それらは民主主義政治の原材料を提供する。

リベラル派の方法以外にも、闘技的な政治を実施していくうえで障害になる要因として以下の事実があげられる。ソヴィエト・モデルの瓦解以来、ネオリベラリズムが、現存する秩序のオルタナティヴはもはや存在しないと主張しながら厳然たるヘゲモニーを確立しつつあるという事実だ。この主張は、社会民主主義政党にも受容されているが、これらの政党は、「近代化」の口実のもと、急速に右寄りになり、みずからを「中道左派」と再定義してきた。つまり社会民主主義は、旧来の敵対者である共産主義の危機からなんら益することなく、ただひたすらに崩壊したのだ。民主主義政治の最大の好機は、こうして失われたのである。一九八九年の諸々の出来事は、以前は共産主義システムが代理表象した重荷から解放されて、左派がみずからを定義しなおすきっかけになるはずだった。それが民主主義のプロジェクトを深化させるのにふさわしい現実的な好機だったのは、伝統的な政治の境界線が打ち砕かれた直後であり、よりいっそう進歩的なやりかたで引きなおすことが可能だったからだ。不幸なことに、この好機は失われた。そのかわりに、敵対性が消滅し、境界線のない政治、つまり「彼ら」の不在である政治が到来したという勝ち誇った主張を耳にすることになる。すなわち、社会のだれもが喜ぶ解決策がみいだされる［敗者不在の］だれもが得をする政治である。

たしかに左派にとって、多元主義およびリベラル民主主義政治制度の重要性と折り合いをつけることは重要である。だからといって、それは、現在のヘゲモニー的秩序を変革する試みのすべてを放棄し、「現に存在しているリベラル民主主義社会」が歴史の終わりを表象しているという見解を受け入れることを意味していない。共産主義の失敗から導き出しうる教訓があるとしたら、民主主義の闘争は友／敵の観点からみられるべきではないということ、そして、リベラル民主主義は破壊されるべき敵ではないということだ。「万人の自由と平等」をリベラル民主主義の「倫理的政治的」原則（モンテスキューは「体制を動かす情念」として定義する）とみなすなら、私たちの社会で問題となるのは、それらが唱導する理想そのものではなく、むしろ、これらの理想が実践されていないという事実である。それゆえに左派の課題は、これらの理想を、資本主義の支配を隠蔽する虚偽でしかないと主張して拒むのではなく、これらが効果的に成就されるのを目指して戦うことなのだ。そしてもちろんこれは、現行の資本主義を統御する様態であるネオリベラリズムに挑戦することなくしては不可能である。

だからこそこのような闘争は、友／敵の観点から捉えるべきではないにしても、利害の競合や「対話」の様態にすぎないものとして単純に理解することはできないのである。しかし、じつはこれらは、ほとんどの左翼政党が今日の民主主義政治を描くやりかたである。民主主義を再活性化するには、この隘路から早急に抜け出さなければならない。私が提起している闘技的方法は、「対抗者」という観念のおかげで、民主主義の再活性化と深化に寄与するだろう。それはまた、左派の立場を、ヘゲモニー的なやりかたで捉え返すことを可能にする。対抗者たちは対決を民主主義の枠組みのなかに刻み込むが、この枠組みを、不変のものとみるべきではない。それはヘゲモニー闘争を通じてつねに再定義されうるのである。民主主義を闘技的なものとする概念によれば、ある時点における社会の特殊な布置を決定するヘゲモニー的な政治経済的節合の特質は偶有的である。それらは不安定かつプラグマティックな構成であり、対抗者による闘技的な闘争の結果、ほころびたり、あるいは変容したりするのである。

したがって、闘技的な方法は現状に挑戦できず、リベラル民主主義を現在のレヴェルで受け入れる以外なにもなしえないというスラヴォイ・ジジェクの主張[21]は誤りである。たしかに闘技的な方法は、新しい社会秩序をゼロから制度化するような、根源的に基礎づけなおす行為の可能性を否認する。しかし、ラディカルな要素ももった数多くの社会経済的および政治的変革が可能であるのは、リベラル民主主義制度の文脈内部においてなのである。「リベラル民主主義」とは、偶有的なヘゲモニー的介入の総体から権力諸関係が生じ、その堆積した形態によって構成されたものだろう。今日、それらの偶有的な特質が認識されないのは、対抗的なヘゲモニー的企図が存在しないせいである。しかし、それらを変革するためにはリベラル民主主義の枠組みをすべて拒絶することが必要であると考える陥穽にふたたびとらわれてはならない。民主主義の「言語ゲーム」——ウィトゲンシュタインの用語を借用するなら——は多くのやりかたでおこなわれるのであり、そして闘技的な闘争は、民主主義という理念をさらに徹底的に適用するために必要となる新たな意味と領野を出現させるだろう。私の見方では、これが権力諸関係に挑戦する効果的なやりかたである。すなわち、抽象的な否定の様態に依拠することのない、まさしくヘゲモニー的なやりかた、いわば現存する諸実践がほころびていく過程と、新しい言説と制度の創造を通じた挑戦の方法である。私が唱導する闘技的方法は、リベラル派の諸々のモデルとは違って、社会がつねに政治的に制度化されることを承認し、ヘゲモニー的介入が生じる領野はつねに、先行するヘゲモニー的諸実践の帰結であり、決して中立的ではないことを忘れない。このことゆえにそれは、非対抗的な民主主義政治の可能性を否定するのである。そして、「政治的なもの」の次元を無視したうえで、政治を、一連の技術的な措置や中立的な手続きへと還元しようとする者を批判するのである。

---

†1 Ernesto Laclau and Chantal Mouffe, *Hegemony and Socialist Strategy: Towards a Radical Democratic Politics*, London, Verso, 1985（エルネスト・ラクラウ、シャンタル・ムフ『ポスト・マルクス主義と政治』山崎カヲル・石澤武訳、大村書店、一九九二年）; Chantal Mouffe, *The Return of the Political*, London, Verso, 1993（シャンタル・ムフ『政治的なるものの再興』千葉眞ほか訳、日本経済評論社、一九九八年）; Chantal Mouffe, *The Democratic Paradox*, London, Verso, 2000.（シャンタル・ムフ『民主主義の逆説』葛西弘隆訳、以文社、二〇〇六年）

†2 Carl Schmitt, *The Concept of the Political*, New Brunswick, Rutgers University Press, 1976, p. 70.（カール・シュミット『政治的なものの概念』田中浩・原田武雄訳、未來社、一九七〇年、八九 - 九〇頁、強調同書）

†3 *Ibid*., p. 35.（同書、三一頁）

†4 *Ibid*., p. 70.（同書、八八頁）

†5 *Ibid*., p. 37.（同書、三三頁）

†6 Jürgen Habermas, 'Reply to Symposium Participants', *Cardozo Law Review*, Vol. 17, 4-5, March 1996, p. 1943.

†7 Henry Staten, *Wittgenstein and Derrida*, Oxford, Basil Blackwell, 1985.（ヘンリー・ステーテン『ウィトゲンシュタインとデリダ』高橋哲哉訳、産業図書、一九八七年）

†8 Ernesto Laclau, *Emancipation(s)*, London, Verso, p. 90.（エルネスト・ラクラウ『様々な解放』茂野玲訳、明石書店、近刊）

†9 ここでいう「闘技」の概念は、拙著『民主主義の逆説』第四章で展開している。もちろん私だけがこの語を用いているわけでなく、現在、「闘技」を唱える理論家はさまざまである。しかしながら彼らはたいてい、政治的なものを自由と討議の空間として把握する。それに対して私はそれを、対立と敵対性の空間と捉える。したがって闘技にかんする私の考えはウィリアム・コノリー、ボニー・ホーニッグ、ジェイムズ・タリーのそれと区別される。

†10 Elias Canetti, *Crowds and Power*, London, Penguin, 1960, p. 220.（エリアス・カネッティ『群衆と権力』岩田行一訳、法政大学出版局、一九七一年、二七五頁、強調同書）

†11 *Ibid.*, p. 222.（同書、二七七頁）

†12 *Ibid.*, p. 221.（同書、二七五頁）

†13 Sigmund Freud, *Civilization and Its Discontents*, The Standard Edition, Vol. XXI, London, Vintage, 2001, p. 111.（ジグムント・フロイト「文化への不満」浜川祥枝訳、『フロイト著作集第三巻』人文書院、一九六九年、四六九頁）

†14 Sigmund Freud, *Group Psychology and the Analysis of the Ego*, The Standard Edition, Vol. XVIII, London, Vintage, 2001, p. 92.（ジグムント・フロイト「集団心理学と自我分析」藤野寛訳、『フロイト全集第一七巻』岩波書店、二〇〇六年、一五八頁）

†15 Freud, *Civilization and Its Discontents*, p. 114.（前掲『フロイト著作集第三巻』四七一頁）

†16 *Ibid.*, p. 119.（同書、四七五頁）

†17 Yannis Stavrakakis, 'Passions of Identification: Discourse, Enjoyment and European Identity', in D. Howarth and J. Torfing (eds.), *Discourse Theory in European Politics: Identity, Policy and Governance* , London, Palgrave, 2004, p. 4 (manuscript).

†18 Slavoj Žižek, *Tarring with the Negative*, Durham, Duke University Press, 1993, p. 201.（スラヴォイ・ジジェク『否定的なもののもとへの滞留：カント、ヘーゲル、イデオロギー批判』酒井隆史・田崎英明訳、ちくま学芸文庫、二〇〇六年、三八一 - 三八二頁）

†19 *Ibid.*, p. 202.（同書、三八五 - 三八六頁）

†20 Jacques Rancière, *Disagreement*, Minneapolis, University of Minnesota Press, 1991, p. 102 .（ジャック・ランシエール『不和あるいは了解なき了解』松葉祥一・大森秀臣・藤江成夫訳、インスクリプト、二〇〇五年、一七〇頁、強調同書）

†21 ジジェクによる批判については次の著作も参照のこと。Slavoj Žižek and Glyn Daly, *Conversations with Žižek*, Cambridge, Polity, 2004.（スラヴォイ・ジジェク、グリン・デイリー『ジジェク自身によるジジェク』清水知子訳、河出書房新社、二〇〇五年）

第Ⅲ章

対抗モデルを超えて？

Three
Beyond the Adversarial Model?

本書が挑みたいのはポスト政治的な立場である。このような立場は、一九六〇年代初頭、「ポスト産業社会」の到来を告げ、「イデオロギーの終焉」を称揚したさまざまな理論家たちによって構築された世界像に社会学的支えをおいている。その後この理論的潮流は流行遅れになったが、いままた、社会学者のウルリッヒ・ベックとアンソニー・ギデンズによって、新たな装いのもとで再生しつつある。彼らは、集合的アイデンティティを中心に構造化される政治モデルは個人主義の台頭のせいで徹底的に失効しており、それゆえに放棄する必要があると主張している。彼らによれば、私たちはいま、彼らが「再帰的近代」とよぶ近代の第二段階にある。この社会は「ポスト伝統的」になっており、政治の本性と目的についての徹底的な再考が求められているというのである。こうした発想は、メディアが広範に普及させているため、すでに「常識」になりつつある。私たちの社会的現実を知覚する主流の方法になりつつあるのだ。それらは諸々の政治勢力のうちに影響力をもっており、これからみていくように、いくつかの社会民主主義政党の展開に寄与してきた。昨今の**時代精神**《ツァイトガイスト》における中心的な信条のいくつかをも規定している。そのため本章では、これらの発想を詳細に検討し、さらに民主主義政治にこれらがおよぼす帰結を細かく調べることが目標になる。

ベックと「政治の再創造」

政治を「再創造」する必要があるというウルリッヒ・ベックの主張を批判的に検証するために、まず、彼のいう「再帰的近代」の理論と、「リスク社会」の概念の輪郭を把握する必要がある。これらの着想は、一九八六年以来刊行されている一連の著作群で練りあげられてきたが、そこでは、工業社会がその内的な力学において決定的な変化を遂げつつあるという主張が展開されている。主なその内容は次のようなものだ――私たちは、自然な技術的経済的進歩が際限なしに持続可能で、たとえリスクが生じたとしても、適切に規制する制度によって制御可能であるという想定が信じられていた、単純的近代化の第一段階以後の時代、すなわち、「リスク社会」の出現をその特徴とする「再帰的近代」の時代を生きているのである。現代社会はいまや、みずからのモデルの限界に直面している。それゆえに私たちは、現代社会に特有のダイナミズムが生みだす副作用を制御できないならば、進歩が自己破壊に陥ることを自覚しなければならない。私たちは、工業社会のいくつかの特質が社会的・政治的に問題ぶくみであることを自覚するようになった。いまや、発展した工業社会が直面している経済的、社会的、政治的、個人的な諸々のリスクは、伝統的な制度ではもはや対処しえないと認識すべきなのである。

　ベックによれば、第一の近代と第二の近代のあいだにあるあきらかな差異の一つは、今日では、社会史の原動力が、道具的理性ではなく「副作用」にあることである。「単純的近代化は、社会変動の動力をつまるところは道具的理性（反省）にすえるが、これに対して「再帰的」近代化は社会変動の起動力を副作用（再帰性）のカテゴリーによって概念化する。はじめのうちは着目も考察もされず、視野の外におかれていた諸々の事柄が、工業的近代から現在および未来における「新しい近代」を区分する構造的断絶をもたらすのである」[†1]。彼は、一つの社会的時代からもう一つの時代への移行が、気づかれぬ間に、無計画的に生じるという事実を強調する。それは政治的闘争の結果ではないし、革命というマルクス主義的観念で解釈されるべきでもない。じつのところそれは、資本主義の危機ではなくて勝利、つまり西洋的な近代化の勝利として把握されるべき新しい社会の起源にある勝利なのである。

これこそが彼のいう「副作用」の例である。「工業社会時代からリスク社会時代への近代の移行は、近代化の自動化された力学の結果、潜在的な副作用のパターンにしたがい、望まれもせず予見もされず、強制的に生じていく」[†2]。階級、性的役割、家族関係、仕事などをふくむ広範な社会的諸関係において生じる根本的な変化の源泉には、政治的闘争ではなく、これらの副作用がある。その結果、第一の近代を構成する核だった労働組合や政党がその求心力を失ってしまう。なぜならこれらは、再帰的近代に特有の新しい対立の形態に対応していないからだ。リスク社会では、基本的な対立はもはや所得や職業や福祉の給付金にかかわる分配的な性質のものではなく、「配分的な責任」をめぐるものになる。製品の生産にともなうリスクや近代化の進展が引き起こしかねない脅威をいかに阻止し制御するかを争点とする対立である。

ベックがいうには、第一の近代の社会の特徴をなすものとして、国民国家と集合的グループが果たす決定的な役割とをあげることができる。ところが、グローバル化の諸々の帰結と個人化過程の強化のせいで、もはや事情は変わってしまった。集合的アイデンティティは、私的領域でも公的領域でも崩壊しつつある。社会の基本的な制度はいまや個人的なものを志向しており、集団や家族に向かうことはない。工業社会は「仕事」を重視し、完全雇用を目標に組織化された。個人の地位は本質的に職業で定義され、民主主義的権利を獲得していくうえで重要な条件を構成してきたのである。このようなことはもう終わったのだ。こうして、以下のことが緊急課題になる。工業社会の古典的役割では適応できない開放的な言説的相互作用のうちで個人が構築されること、この事実を考慮に入れながら社会への能動的参加のための基盤を捉える新たなやりかたを模索するということである。

ベックは、左派と右派という旧来の用語系や、集団の利害対立や政党がいまだに消えていないことを認識しているにもかかわらず、これらが概念的な「過去の遺物」であり、再帰的近代の対立を把握するうえで完全に不適切なものと考えている。リスク社会では、イデオロギー的で政治的な対立は、もはや左派／右派という工業社会に特有の隠喩では規定しえず、その特質は以下の二分法でよりよく把握可能になる。すなわち、安全と危険、内部と外部、政治的なものと非政治的なものという二分法である。[†3]

「サブ政治」の出現

ここまでベックの理論の枠組みを大まかに描いてきたわけだが、次に、彼が解決策として唱導する新しい政治の形態、すなわち「サブ政治」について検討しよう。その発想の中核は次のようなものである。リスク社会においてはもはや政治的なものは、議会や政党あるいは労働組合といった伝統的な場に求められるべきではなく、政治と国家、政治と政治システムを等価とみなすのをやめる必要があるというものだ。今日、政治的なものはまったく異なる場所にあらわれるのであり、こうして私たちは逆説的な状況に直面しているのである。「工業社会の政治的布置連関は非政治的になりつつあるが、その一方で、工業時代において非政治的だったものが政治的になりつつある[†4]。草の根的で、議会外に位置しており、階級や政党とはもはやなんの関連性ももたない一連の新しい抵抗が出現しつつある。その要求は、伝統的な政治的イデオロギーでは表現できない争点にかかわり、それゆえに、従来型の政治システムでは取り組むことができない。それは、さまざまなサブシステムのなかに場所をうるのだ。

ベックによれば、「リスク社会」は一般的に次の三つの側面から政治の概念を追求してきた政治学の基本的主張に挑みかかるものである。⑴政治的共同体の制度的構成にかかわる「政体」、⑵政治的プログラムが社会的状況を形づくる過程を検討する「政策」、⑶権力の配分と立場をめぐる政治的対立の過程を扱う「政略」。これら三つの場合のすべてにおいて集合的な行為主体が問われるのであり、個人は政治にふさわしくないものとされてきた。ところがサブ政治の到来とともに、個人がいまや政治の舞台の中心に位置するようになる。ベックは次のように述べている。「サブ政治」は、

次の二点で「政治」と区別される。(a)政治システムないしは協調主義的システムの外部にいる行為主体が社会計画を立案する舞台にあらわれでることを許されている（このグループには、専門的職業従事者集団や職能集団、工場や研究機関および企業における技術的知識層、熟練労働者、市民運動の指導者、公衆がふくまれる）。(b)社会的集合的な行為主体だけでなく

個人もまた、出現しつつある政治の形成力として、たがいに競合している。[†5]

さらにベックは、サブ政治が「社会を下部から形づくること」を意味するのであり、サブ政治化の進展につれて、技術化と工業化の実質上の過程に関与していなかった集団が、社会の計画について発言し、参画していく機会が増大することを強調する。そこには、市民や公衆、社会運動、専門家集団、現場で働く人たちがふくまれている。[†6]

ベックは、この再創造されたサブ政治が取り組む争点を明確化するにあたって、それが、単純的近代に特有の左派／右派の政治――公的なものと私的なものをはっきり区別する――と違うことをあらためて強調する。旧来の考え方では、政治的になるためには私的領域から脱け出さねばならず、政治的なものは公共領域において政党政治を介することでしか達成されないとされてきた。サブ政治はこの考えをひっくり返し、左派／右派の軸においては脇へと退けられ除外されてきたもののすべてを、政治的な場の中心にすえる。いまや、自己に関連する問い、個人主義の表明とみなされてきた問いのすべてが舞台の中心を占拠する。「生と死の政治」という観点から、政治的なものにかんする新しいアイデンティティが出現する。リスク社会では、エコロジー危機の可能性が自覚され、また以前は私的とみなされてきた諸問題、ライフスタイルや食生活という問題が、親密で私的な領域から脱け出て政治化されるのである。個人の自然との関係がこの転換の典型である。なぜならそれはいままでは、無数のグローバルな力と不可避的に相互連関しており、そこから逃れるのは不可能だからだ。

　そのうえ、医療と遺伝子工学の領野における技術の進歩と科学的発展のために、いまや人びとは、「身体の政治」という、かつては想像困難だった領野で決断を強いられている。生と死をめぐるこうした決断は、実存主義に特有の哲学的な問題を政治的な議題の場にすえるのである。そして個人は、自分の未来が専門家の手に委ねられ市場の論理にしたがって処理されることを望まないなら、これらの問題といやおうなしに直面することになる。ベックによればこの事態は、社会を実存的な意味で変化させる可能性を与えてくれる。すべては、人びとが、第一の近代に由来する古い思考様式を放棄し、リスク社会が提示する諸々の挑戦に取り組むようになるか否か次第である。曖昧さのない道具的理性というモデルは廃棄されるべきであり、そのかわりに、「新しい両義性」を受け入れ可能にする方法をみいださなくてはならない。必要なのは、公開討論の場を創造し、そこで専門家、政治家、産業資本家、市民などのあいだに、たがいに協力可能な形態での合意を樹立していくことである。それには、専門家のシステムが、民主主義的な公共圏に変容することが必要になるだろう。

　ベックは、懐疑が妥協の形成を促し、それが対立の乗り越えを可能にしていく積極的な役割を好んで強調する。ベックによれば、懐疑的な態度が一般化しているとしたら、これは新たな近代、すなわち、単純的近代のように確実性に依拠せず、むしろ両義性の認識と上位の権威の拒絶に依拠する近代への道を指し示しているのである。彼は、いまや懐疑主義が一般化し、疑念が中心的なものになっていることで敵対的諸関係の出現がはばまれているという。私たちは、真実を所有することができるという信念、すなわちまさに敵対性がそこから湧きでてくるところの信念をもつことのできない時代、両義性の時代へと移行しつつある。それゆえ、敵対性が出現するための土台そのものが除去されつつある[†7]、というのである。それゆえ、左派と右派の見地から語ったり、集合的アイデンティティを「過去の遺物」を中心にして組織化したりする試みは却下されることになる。そして、「徹底化された近代化に特有の政治綱領は懐疑主義だ」と断言するところにまでたどりつくのである。

ベックの見解によれば、懐疑が一般化した社会においては、友と敵の見地から思考することができず、それゆえに対立の緩和がつづくことになる。所有できる真実があるという信念を放棄するなら、人びとはすぐ、自分とは異なる考えに対し寛容でなければならないことに気づくだろうし、それにつれて、自分たちの考えを押しつけることなく、妥協が可能であると信じるようになるだろう。このことはベックにとっては自明なのである。闘技的なやりかたでいまだにふるまう者がいるとしたら、それは旧来の範疇にしたがいながら思考するため、独断的な確実性を疑えない者だけである。再帰的近代化の副作用は、うまくいくならそうした人びととの消失をもたらすであろうし、かくして当然のごとく、コスモポリタン的な秩序の到来が展望できるのである。

ギデンズとポスト伝統社会

アンソニー・ギデンズの場合、主要概念は「ポスト伝統社会」である。彼がこの概念をもっていわんとすることは、自己とアイデンティティに深い影響をおよぼし、日常生活において多様な変化と適応を要請している実験に、私たちが日々さらされていることである。現代はグローバルな規模での実験という様相を呈するようになっており、制御不可能な結果をもたらす全般的危険《グローバル・ハザード》に充ちている。すなわち「製造される不確実性《マニュファクチャード》」が、私たちの生活の一部になる。ベックと同じくギデンズも、これらの不確実性の多くがまさに人間の知識の増大によって生みだされていると考えている。これらは、社会生活および自然への人間による介入の帰結である。製造される不確実性は、瞬間的グローバル・コミュニケーション手段の出現のおかげで、グローバリゼーションが強化されるにしたがって加速度的に増大していく。グローバル化するコスモポリタン社会の発展は、伝統が疑義の突きつけに開かれていることをともなっているのであって、いまや伝統は正当性の裏づけが与えられねばならず、かつてのように自明のものとはみなされえないがゆえに、その位置づけを変化させているのである。

ポスト伝統社会的な社会秩序の台頭は、「社会的再帰性」の拡張と併行しているが、それは、製造される不確実性がいまや社会生活のすべての領域に侵入しつつあるからだ。そのために個々人は、日常的行為をなすさいに必要なおびただしい情報を処理しなければならない。ギデンズは、社会的再帰性の発展が、事実上、経済と政治の両方において生じつつある多様な変化を理解する手がかりになると捉えている。「産業企業における「ポストフォーディズム」の出現は、通常、技術的変化――とくに情報テクノロジー――の観点から分析されている。しかし、「フレキシブルな生産方式」や「ボトムアップの意思決定方式」が発達した根本的な理由は、再帰性の高い世界が結果として行為により大きな自律性をもたらしたため、企業の側がこうした行為の自律性を認識し、また行為の自律性に頼らなければならなくなったことにある」[†8]。彼によれば、同様の議論は、官僚主義的な権威にかかわる政治の領域でも可能で、もはやこの権威は組織の効率性にとって不可欠ではない。それゆえに官僚機構は消滅しつつあり、国家はもはや市民を「臣民」としてあつかえない、というのである。

ギデンズは、いまや「生きることの政治《ライフ・ポリティクス》」、すなわち「解放」を志向する政治とは正反対の見地から思考すべきであるという。「生きることの政治は、グローバル化する影響力が自己の再帰的プロジェクトに深く浸透し、逆に自己実現がグローバルな戦略に影響する、そのようなポスト伝統的環境において、自己実現の過程から出てくる政治的な問題なのである」[†9]。これは、「生きることの政治」が、たとえばエコロジーの問題や、仕事、家族、私的ないしは文化的なアイデンティティの変化しつつある性質をも包摂することを意味している。解放の政治は、生活を改善する機会や、さまざまな種類の拘束からの自由にかかわるが、生きることの政治は生活の決定――かつては自然や伝統にもとづいていたのがいまでは選択へと開かれつつあるポスト伝統世界での生き方をめぐる決定――にかかわっている。これは私的なことについての政治であるというだけではない。また、ギデンズが強調するように、さらなる豊かさの追求にすぎないと考えるのも誤りである。たしかにエコロジー的な争点、ないしはフェミニストが提起する争点が中心的な役割を果たすとはいえ、生きることの政治はさらに、仕事や経済活動といった伝統的な領域への政治的な関与にまでおよんでいる。それゆえに、労働力の変容から起きたさまざまな問題に取り組むことがきわめて意味あるものになるのである。彼の主張は、「生きることの政治は、人類全体が直面する挑戦課題と関係している」[†10]というものだ。

ギデンズはベックとともに、新しい個人主義が成長しつつあり、通常の政治のやりかたに対し現実的な挑戦を突きつけていることを強調する。ギデンズによれば、この新しい個人主義は、グローバリゼーションが複雑な効果をおよぼし、その衝撃ゆえに、伝統と習俗が生活で果たす役割が縮減されていくという文脈で理解されるべきである。左派的ないしは保守的な批評家が、新しい個人主義を、道徳的な頽廃のあらわれや社会的連帯への脅威とみなすのとは対照的に、ギデンズは、制度化された個人主義を、たとえば個人的責任と集合的責任のあいだにより適切な均衡をもたらすなど、多くの積極的な可能性を切り開くものとみなしている。じつのところ、私たちがいまや反省的なやりかたで生活していることで、よりいっそうの民主化に向かう圧力がつくりだされ、新しい個人主義はこの民主化の趨勢に決定的なやりかたで寄与する、という[†11]

のである。

民主主義の民主化

ここまでの考察からわかるように、ギデンズは、左派／右派の区分を時代遅れのものとみなしている。彼の著作には、『左派右派を超えて』と題されたものもあるぐらいだ。ギデンズの主張によれば、社会主義モデルは崩壊し、資本主義のオルタナティヴはもはや存在しないといった事態ゆえに、左派と右派を区分する主要な分割線は消滅し、ポスト伝統社会という情勢から生まれた新しい諸問題、つまり「生きることの政治」にかかわるすべての争点は、左派／右派という枠組みのなかでは表現できないのである。脱伝統化する社会秩序は、「生成的な政治」という新たなタイプの政治を要請するが、この政治にしたがうならば、⑴望まれた成果は上層部から決定されない、⑵能動的な信頼が構築され維持されうるための状況がつくりだされる、⑶特定のプログラムや政策によって影響をこうむる人びとに自律が認められる、⑷物質的な富をふくむ、自律性を高める諸々の資源が生成される、⑸政治権力が脱中心化する。[†12]

近代における信頼はおもに専門家のシステムに向けられてきた。が、ギデンズがいうには、いま必要なのは「能動的な信頼」である。ポスト伝統化の情勢では、諸制度が再帰的になり、専門家の提示する案は市民の批判にさらされる。そのため、信頼は受動的であるだけでは十分でなく、能動的にならなければならない。能動的な信頼は、専門家の知識が正当であると民主主義的に承認されてはじめて成立する。いまでは科学的な言明は実際のところ、公共的に論争される余地のある命題的真理としてあつかわれなくてはならず、専門家システムは対話的にならなければならない。こうして彼は、「対話型民主主義」を提唱するのである。ここで問題になるのは、個人と集団のあいだに社会的な連帯が生成される能動的な信頼をつくりだすことである。能動的な信頼とは、素人が専門家の権威をあてにするのではなく、むしろ専門家のシステムへと再帰的に関与していくことを意味している。

民主主義的な公共領域における専門家システムの変革の必要性を説くベックの議論と同じように、(家族をふくむ)おもな社会制度を、討論と異議申し立てへと開くことで民主化しなければならないとギデンズは主張する。その目的は、可能なかぎり広範な社会的諸関係のうちに、自律の価値を浸透させることである。それには、小規模の公共領域を複数設立することが必要で、そこでは利害の対立が公共的な議論によって解決されることになる。彼は、民主化のこのような過程が、社会的再帰性と脱伝統化の拡張によって促されていること、そしてそれがすでに、少なくとも四つの社会的文脈で生じつつあることを指摘する。⑴私生活の領域。そこでは性的関係、親子関係、あるいは友達関係において「感情の民主主義」[*1]の出現がみられる。⑵組織の場。官僚的な階層性が、よりフレキシブルで脱中心化された権威のシステムに取って代わられる。⑶社会運動と自助的集団の発展。さまざまな形態の権威に挑戦し、公共的な対話のための空間を開くことが民主化の別の可能性を提示することになる。⑷グローバルなレヴェル。民主化に向かう趨勢は、再帰性、自律、対話の混成体を活用する傾向にあるが、そうするうちにコスモポリタン的でグローバルな秩序を生成することになる。[†13]

もちろんギデンズは逆行の可能性を考慮に入れていないわけではなく、伝統的な諸関係の復活の主張が原理主義や暴力の温床となりうることをわきまえている。しかし彼は、ポスト伝統社会の未来について、基本的には楽観しているのである。ギデンズの強調するのは、再帰的近代では、伝統が自己正当化を強いられているという事実、そのうち言説によって正当化されるものだけが存続可能であるという事実である。そのうえ、言説による正当化が要請されるとなれば、他の伝統とだけでなく、さらに、べつの行動様式と対話する条件があらわれる。それゆえに、他者の話に耳を傾け、討論する「対話型民主主義」の有効性が増大することが見込まれ

＊1　「感情の民主主義」についてはギデンズの以下の議論も参照のこと。「感情の民主主義は、何らかの類の専制的権力よりも、むしろ論議や見解の交換によって能動的信頼を高め、維持する、そうした対人関係の発達を想定している。／感情の民主主義は、その出現度合に応じて、フォーマルな公的民主主義の促進におそらく重要な言外の意味をもたらすことになる。自分自身の感情性向を十分に理解できる人たちや、他の人と人格的基盤で効果的に意思疎通できる人たちは、シティズンシップの幅広い任務や責任を遂行する十分な心構えがおそらくできている」（『右派左派を超えて』三二〇頁）。

る。しかもこれは、私生活のレヴェルだけでなく、グローバルな秩序のレヴェルでも可能なのである。

対話型民主主義の推進という企図にとって、科学の公開＝活用は重要である。なぜなら、「感情の民主主義」の領野における場合と同様に、社会的再帰性を進展させ、自律性を認めるにあたって不可欠の前提になるのは、可視性と公共的討論へと開かれていることだからだ。ギデンズは対話型民主主義を、彼のいう「純粋な関係性」――他者との結びつきによってえられる報い《リワード》ゆえに求められ維持されていく関係性――の発展と関連するものとしてみるべきだという。このようなたぐいの純粋な関係性は、私生活の領域でみいだされるもので、「感情の民主主義」という、彼が対話的方法のモデルとみなすものとも結びついている。じつのところ、ギデンズによれば、純粋な関係性と対話型民主主義には密接な関連がある。ギデンズは、夫婦間や恋人間での癒し《セラピー》についての文献に言及しつつ、良好な関係性の維持に不可欠な事柄を捉えるやりかたと、政治的民主主義の形式的な機制とのあいだに、重要な併行関係があると示唆する。なぜならば、これらのいずれの場合においても、自律が問題になるからだ[†14]。

ギデンズは以下のように、自身の見解を要約する。

民主化に向かう圧力は――つねに反対方向の影響力に直面するとはいえ――グローバル化と制度的再帰性という二つの過程によって生みだされている。脱伝統化は、行為のローカルな脈絡を埋め込まれた状態から解き放し、同時にまたグローバルな秩序の性質を変えていく。伝統は、たとえ依然として根強く固守されている場合でさえ、たがいに接触することをますます余儀なくされていく。したがって、グローバル化と再帰性、脱伝統化は、なんらかの方法で満たさなければならない「対話空間」を創出する。これらの対話空間は、能動的信頼のメカニズムを援用しながら、対話を通じて関与できる――しかし、同時にまた原理主義によって占領される可能性のある――空間である。[†15]

ポスト政治的ヴィジョン

ここまでであきらかなように、ベックとギデンズが提唱する方法は、「対抗者」の概念を政治から除去することを目指すものだが、この概念こそ私が第Ⅱ章で、民主主義政治の中心にあるものとして提示したものである。しかしベックもギデンズも、再帰的近代という現段階においては、「民主主義の民主化」が、対抗者を定めなくても到来すると信じている。いまや、主要な政治的な問題は、ライフ・スタイルをめぐる諸々の要求をいかに裁定するかにかかわっている、あるいは、再帰性の進展をうながすために、対話型民主主義が実践されることになる領域のすべてへと自律性が拡張されることにかかわっている、というのである。それらの主要な政治的な問題は、集団ではなく個人によって決定され、「生きることの政治」(ギデンズ)や

「サブ政治」（ベック）という見地から枠づけられる必要がある。民主主義的な討論は、新しい連帯をつくり能動的な信頼の基礎を拡張することを目的とした、諸個人間の対話とみなされる。対立は、さまざまな公共圏が「開かれること」によって沈静化するが、そこではきわめて多様な利害をもった人びとが、自分たちが影響を受けるさまざまな問題について意思決定し、ともに生きていくことを可能にする相互寛容の関係性を発展させていくだろう。もちろん不同意は生じるが、対抗的な形態をとることはないのだ、と。

ベックやギデンズの主要な論点とは、ポスト伝統社会ではもはや、われわれ／彼らの見地から構成される集合的アイデンティティがみいだされないとしたら、これはつまり、政治的な境界線が消滅したことを意味するというものである。集合的で集団特有の意味の源泉は枯渇の危機に見舞われており、諸個人はいまでは、グローバルなリスクおよび私的なリスクの多様性を、旧来の確実性とは無縁な状態で甘受することが期待される。リスク社会が到来し、政治的な対立が個人化するのにしたがって、旧来の［左右という］対立軸と、党派的な論争は妥当性を失い、政治のかつてもっていたわかりやすさは消えている。そこで強調されるのは、政治の対抗モデルは単純的近代に特有のものであり、それゆえに現在の再帰的近代化の段階においてはすたれつつあり、捨て去るべきであるということである。

集合的アイデンティティの消滅の要因は個人化の力学だが、ベックとギデンズはこれを、再帰的近代の核心にあるものとみる。ここでいう個人化の過程は、生の集合的な形態――集合的な意識の出現と、これに対応する政治の存立にとって不可欠の土台――を破壊する。したがって今日では、個人が主として経験するのは、集合的な連帯のための条件が破壊されつつあるという事態であり、それゆえに、階級連帯をつくりだそうと努めたところで、それはほとんど迷妄でしかないのである。個人主義が進展するにつれ、労働組合と政党は瓦解し、それらがかつては醸成していたたぐいの政治は無力化する。もちろんベックは、労働組合や政党が重要であると信じたことなどない。なぜなら、すでにみたように、彼は、私たちの社会がこうむっているおもな変化が、政治闘争の帰結ではなく、むしろ「副作用」の帰結として、意図されず、非政治的に引き起こされたと主張しているのだから。事実、彼は、自分の理論が「危機あるいは階級にかんする理論でもなければ、衰退にかんする理論でもない。工業社会が、西洋的近代化の成功のおかげで、意図されず潜在的に脱埋め込み化され、さらに再埋め込み化されつつあることにかんする理論である[†16]」と宣言する。

このモデルが想定しうるただ一つの根本的な対立者が、ポスト伝統社会の発展に対抗して、かつての伝統の確実性を取り戻そうと試みている、「伝統主義者」や「原理主義者」のみであ

＊2　脱埋め込み化と再埋め込み化は、それぞれ disembedding と re-embedding に対応する訳語である。『再帰的近代化』の訳語（一二頁）を参照しこの語をあてたが、要するに、産業社会が、かつての古いコンテクストである伝統社会から抜け出し、リスク社会というポスト伝統的なコンテクストへと移行して、そこを発展のための新たな土壌にするということを意味する。

ることは、きわめて啓発的である。このような伝統主義者や原理主義者は、再帰的近代化の進行を拒絶することによって、歴史の行程に抗っているのであり、それゆえに、あきらかに対話的な討論への参加は許されないからである。実際のところ、「敵」と「対抗者」のあいだに私が設けた区別を受け入れるのであれば、こういったたぐいの反対者は、対抗者というよりはむしろ敵とみなされてしかるべきなのである。その諸々の要求は正当なものとして承認されることはなく、民主主義的な議論から排除されるべき敵である。

対抗者が存在するための余地を消すことによって、いくつかの決定的な帰結がもたらされるのであって、本書の後の章では、それを検討することで、昨今の政治闘争がとる敵対的な形態がよりよく捉えられる、ということを論じてみたい。この点で強調すべきなのは、ベックとギデンズの方法が、政治の対抗モデルの終焉を宣言するあまり、政治的対立を「闘技的」形態にする可能性をあらかじめ除去してしまうということだ。それゆえに、異議申し立てのための唯一可能な形態は、「敵対的」なものでしかなくなる。じつのところ、彼らの枠組みを援用しつつ政治の領域を把握するなら、以下のような構図に帰着することになる。一方には、さまざまな「生きることの問題」をめぐって、対話を介して争う無数の「サブ政治」がある。他方には、進歩派諸勢力に対し、反動的な闘争をくり広げる旧来型の「伝統主義者」や、あるいはさらに悪いことには「原理主義者」がある。

ベックとギデンズはもちろん、「進歩派諸勢力」が勝利し、コスモポリタン的な秩序が確立されるだろうと確信している。しかしながら、次のような疑問が残る。どうすればそこにたどり着くのか？　そしてその途上、なにが起こるのか？　さらにたとえば、今日、世界に存在している深刻な不平等にどうやって対処するのか？　ベックとギデンズが、権力諸関係と、それらが社会を構造化するやりかたについて多くを語っていないのはあきらかだ。彼らは社会的流動性を強調するが、「再帰的近代」が新しい階級の出現をどうみるのかについては完全無視を決め込んでいる。もしも「ポスト伝統」社会の基本的制度が民主化されれば、新しい階級の権力は挑戦を受けることになろうが、このような事態を「再帰的近代」はどうみるかについて彼らは無視するのだ。さらにギデンズは、官僚制に対する運動を、彼のいう「生成的な政治」の重要な部分とみているが、この運動は、支配する者に対し闘争を挑み、その権力を縮減しようと試みないかぎり、起きることはない。また、彼らはエコロジーの問題に力点をおくが、これについてもやはり、環境をめぐる多くの問題がネオリベラルの政策によって対処されていること、つまり利潤と市場メカニズムの重視に強固に結びついていることに気づかないらしい。対立を度外視する彼らの方法は、権力構造が争点になる主要な領域のすべてにおいて、適切に問いを設定できないのである。ペリー・アンダーソンがギデンズを論じつつ述べるように、政治は意見の交換ではなく、権力に対する異議申し立てである。そしてアンダーソンは警告する。「民主主義的な生活が対話であると考えることにまつわる危険は、政治のまず第一の現実が闘争でありつづけていることの忘却である」[†17]。現在のヘゲモニー的秩序の構造と、その秩序を構成する権力諸関係の類型を把握することなしには、現実の民主主義化はいつまでたってもはじまることはできない。彼らの支持者がなんといおうと、「対話」的方法は決してラディカルなものになりえないのだ。なぜならば、いかなるラディカルな政治であれ、既存の権力諸関係に挑戦することなしにはありえないし、まさにこのことが、そうした立場が締め出してしまう当の対抗者を定めることを求めるからである。

対話型民主主義vs闘技的民主主義

ベックとギデンズに対する私の批判が誤解されないことを願いたい。ここで私は、革命政治という伝統的な概念に拠りつつ議論をしているのではない。私は、民主主義政治が友／敵の対決という形態をとるならば、政治的連合体を破壊に導きかねないことに同意する。そして私はすでに、多元的民主主義の基本原則に忠実であることをあきらかにしたつもりだ。しかしだからといって、いかなるたぐいのものであれ、対抗者が対決する可能性を除外することや、同意型の対話的方法を容認するわけではない。本書第Ⅱ章で論じたように、民主主義理論にとって根源的な問題は、政治的なものを構成する敵対性の次元に、政治的連合体を破壊しない表現形態を与えるためにはどうすればよいのかというものだ。私は、それは「敵対」(敵どうしの関係性)の範疇と「闘技」(対抗者どうしの関係性)の範疇とを区別し、「対立をはらむ同意」——たがいに敵対していても「正当な敵」とみなされる者どうしで共有される象徴的な空間を与える同意——の認識が必要であると示唆した。対話的な方法とは逆に、民主主義的な討論を、現実の対決として把握する必要がある。対抗者はときには激しく闘うが、だからといってその闘いは一連の共有されるルールにしたがうものである。そして彼らの立場は——つまるところは相容れなくても——正当な立脚点をもつものとして受け入れられるのである。「対話的な」立場と「闘技的な」立場の根本的な違いは、後者の目的が、既存の権力諸関係を根底から変容させ、新しいヘゲモニーを樹立することにある。このことゆえに、それは「ラディカル」と呼ばれてしかるべきなのだ。もちろんそれは、ジャコバン的な革命政治ではない。しかしながら、中立的な場のなかで競合している利害をめぐるリベラル政治でもなければ、民主主義的な同意を言説的に形成することでもない。

「対抗者」にかんするこのような理解のしかたは、ベックとギデンズの方法では捉えることが不可能である。このことゆえに彼らは、リベラル政治の伝統的な限界内に生真面目にとどまっているのである。したがって彼らのいう「民主主義の民主化」を、エルネスト・ラクラウと私が、一九八五年にすでに『ヘゲモニーと社会主義の戦略』[†18]において唱導していた「ラディカル民主主義」と混同すべきではない。ここで、二つの立場の違いを説明しておく必要がある。なぜなら、一見すると二つのあいだには、多くの類似性があるからだ。たとえば、同書ではやはり、ジャコバン的な政治モデルを批判し、いまや政治が、かつては非政治的とみなされてきた多くの領域で起こりつつあることを認めている。『ヘゲモニーと社会主義の戦略』の中心的なテーゼの一つは、多様な社会的関係のうちにあらわれ、「階級」の範疇では捉えることのできない、すべての民主主義的闘争を視野に入れる必要がある、というものだ。これらの闘争は、通常は「新しい社会運動」と称され、ベックが「サブ政治」と呼び、ギデンズが「生きることの政治の問題」と呼ぶものの領野を構成している。したがって、政治の領域の拡張が重要であることについては同意が存在する。しかしながら私たちの立場は、政治的闘争をいかにみるかということにかんして、彼らとは決定的に区別される。私たちにとって、民主主義の徹底化は、既存の権力構造の変容と、新しいヘゲモニーの構築を必要としている。新しいヘゲモニーの樹立は、それが新しいものであれ古いものであれ、多様な民主主義闘争のあいだに「等価性の連鎖」をつくりだし、「集合的な意思」、つまりラディカル民主主義の原動力である「われわれ」を形成していくことを意味している。これは、新しいヘゲモニーを可能とするためには打ち負かさなければならない対抗者である「彼ら」を定めることではじめて可能になる。私たちは、全面的な革命の勃発というレーニン主義的な伝統から距離をおき、ラディカル民主主義にかんする理解がいわゆる「形式的民主主義」の制度の維持と両立可能であることを強調するが、それでも、国家を中立的とするリベラル派の方法とは相容れない。マルクス主義の伝統は、たしかに欠点があるとはいえ、資本主義システムの力学と社会的諸関係の総体におよぶその帰結を理解するのに重要な貢献を果たしてきたとみなしている。このことゆえに私たちは、ベックとギデンズとは反対に、経済的な力がヘゲモニー的秩序を構造化するうえで果たす重要な役割を認識しているのである。

「再帰的民主主義」の視点からの議論が、民主主義の民主化を、対話型の枠組みが社会のすべての領域へとスムーズに拡張していくものとみるのであれば、それは政治のヘゲモニー的次元を無視しているからだ。ベックとギデンズが対抗モデルを、政治的領野を構造化していくやりかたとしては時代遅れのものとみなして却下するのは、彼らが社会的現実のヘゲモニー的構成を認識することができないからだ。彼らは、社会的なものの本性が言説的なものであることを認める素振りをしておきながら、この過程の決定的な一側面、すなわち、客体性のすべての形式を構築していくうえでの、権力諸関係の役割を見過ごしている。これに加えて彼らは、集合的アイデンティティが個人化過程の帰結として消滅すると信じているが、このことからすれば、彼らが政治の力学を把握できなくても驚くほどのことではない。

近代化というレトリック

再帰的近代化の理論家たちは、みずからが提唱する政治学を社会学的分析に根づいたもの、とみなしている。われわれはたんにこの社会で生じている変容――集合的アイデンティティが重要性を失っていること、対抗モデルが時代遅れになっていること――が政治の領域にもたらしている帰結を描いているだけなのだ、というのである。これによって、彼らのポスト政治的なヴィジョンには科学の装いが与えられ、有無をいわさぬものになる。彼らに異議を唱える者のすべてが、あたかも古くさい枠組みにいまだ捕らえられているにすぎないかのようにあらわれてしまうのである。

この戦略におけるキーワードは、もちろん「近代化」である。この用法のもつ効果は、ポスト伝統的な現代世界という新しい状況に適応している者と、いまだに過去にしがみつく者とを区別することにある。「近代化」をこのようなやりかたで用いるのは、疑いもなく強力な修辞的身ぶりであって、これにより彼らは、「近代主義者」と「伝統主義者もしくは原理主義者」のあいだに政治的な境界線を引きながら、同時に、みずからのやり口の政治的性格を否認するのである。ベックとギデンズは、われわれ／彼らの区別と、それが政治において果たす中心的な役割がともに消滅しつつあると主張するのだが、にもかかわらず、われわれと彼らのあいだに境界線を引いてしまう。このことは十分に予想できることである。なぜなら、すでにみてきたように、政治を構成するのはまさしくこのような境界線だからだ。しかしながら、彼らはそれを、あたかも中立的なやりかたで社会学的に明瞭な事実として提示することによって、その政治的性格を否認するのである。

このような否認が、典型的なポスト政治的ふるまいを成立させているが、これを詳細に検討するなら、重要な洞察がえられるだろう。ここまでみてきたように、ベックとギデンズは、対抗モデルの終わりを宣告しておきながら、対抗者、ないしは敵を定めてしまう。すなわち、再帰的近代化の過程に反対する「原理主義者」という敵である。つまり、「近代人」である「われわれ」――再帰的近代化の運動の一部をなす「われわれ」――は、「彼ら」――この運動に敵対する伝統主義者や原理主義者である「彼ら」――を決定することで構成される。彼らはこの対話の過程に参加することができない。というのもその対話の過程の境界線はじつのところまさに彼らの排除によって構築されているからである。これがはたして、典型的な友／敵の区別でなかったらいったい何だろう？　しかし私が示したように、［ベックとギデンズにあっては］この区別は社会学的な事実として提示されており、政治的な、党派的なふるまいとして提示されないために的確に把握されることはない。

ここからなにを結論とすべきだろうか？　彼らが主張するところとは正反対に、敵対的な次元をはらんだ政治的なものは消滅しておらず、むしろこの場合は、それが異なる装いのもとで、つまり疑似科学的な土台を根拠に正当化される排除の機制として表明されるということである。この場合、政治的な見地から本当に問題なのは、政治的な境界線をこのようなやりかたで引いたところで、それが活気に充ちた民主主義的討論につながらないということである。排除がこのように正当化されてしまうとき、その排除は政治的異議申し立てへと開かれず、民主的な議論からは締め出されてしまうのである。伝統主義者、ないしは原理主義者によるものとしてあらわれる要求事項はそれゆえに、「対話型の」民主主義者によって、良心の下で無視されうるわけである。

次章では、敵対性の構成的性質の否認が導く政治的な帰結を論じるが、そこでは、ポスト政治におけるごまかし――政治的な境界線を引いておきながら、その政治的性質を否認する――のべつの例を検討することになるだろう。しかしながら、その前に、「再帰的近代」のテーゼを具体的な政治戦略――いわゆる「中道左派」――と連結させようとする試みを検討してみたい。

ギデンズと第三の道

この分野の主要な担い手はギデンズである。彼はいつも「第三の道」として言及される中道左派の立場を知的に基礎づけようとしたと評される。『第三の道』と『第三の道とその批判』が出版されたのはそれぞれ一九九八年と二〇〇〇年であるが、ギデンズはこの二冊で、みずからの社会学理論が実際の政治に対してもつ含意を導き出そうと試み、さらに、「社会主義の死以後の、社会民主主義の再定義」のために、一連の提言をおこなっている。これらを詳細に検討するならば、ポスト政治が政治の実践に与えるインパクトを吟味するために有用な手がかりをうることができよう。

ギデンズは断言する。社会民主主義は、二極的な世界システムが終わり、共産主義のモデルが失効したことと歩調を合わせていかなければならない、と。彼の見方では、社会民主主義者のアイデンティティは、共産主義の崩壊によって危機に瀕している。なぜなら、彼らはみずからを共産主義に反対する者と規定していたが、にもかかわらず、そのいくつかの立場を共有していたからである。かくして、根本的に再考すべきときが来たのだ。ギデンズによれば、この再考のためには次の五つのジレンマに直面しなければならない。⑴グローバリゼーションの意味するもの。⑵個人主義が広がりつつあることの帰結。⑶左派と右派の区別が意味を失ったこと。⑷民主主義の正統的な機構の外部で政治が起こりつつあるという事実。⑸エコロジーの問題を考慮に入れる必要があること。[†19]

彼の論旨の背景には、現在のグローバリゼーションのもとでは、かつては社会民主主義の要石だったケインズ主義の経済運営が徹底的に弱体化したという前提がある。そのうえ、経済運営の理論としての社会主義が失効したことにともない、左派と右派とを隔てていた主要な境界線が消えてしまった。社会民主主義者は、資本主義に対するオルタナティヴがもはや存在しないことを認識しなければならない。ギデンズは、再帰的近代化にかんするみずからの理論に依拠しつつ、古典的な社会民主主義に対し、社会生活および経済生活における国家の役割を過大視しており、市民社会を信用していないことを理由に批判する。このことゆえに古典的社会民主主義は、新しい個人主義の本質をうまく捉えることができず、それを、共有される価値観と公共的な関心を破壊するものと非難してしまう。社会民主主義者は、個人化の諸過程の進展を疑わしいものとみるため、これらの過程に備わっているいっそうの民主主義化を推進していく潜在力に気づかない。彼らは、福祉国家の伝統的諸制度に固執するため、集合的な給付の概念について再考する必要があるということ、さらに、私たちはいまや開放的かつ再帰的なやりかたで生活しているので、個人的責任と集合的責任のあいだに新たなバランスをみいだす必要があるということ、これらのことを理解しないままなのである。

ギデンズによれば、「第三の道の政治がめざすところを一言で要約すれば、**グローバリゼーション、私生活の変容、自然に対するかかわりかた**など、私たちの時代における大規模な変貌のただなかで、市民がみずからの道を切り開いていくのを支援することにほかならない」[20]。彼は、グローバリゼーションに肯定的な態度をとることを推奨するわけだが、ここでグローバリゼーションは、グローバル市場の問題にかぎらず、広範におよぶ影響のこととして把握されている。彼は自由貿易を是認するが、その破壊的影響は社会正義との関連で是正する必要があると忠告している。そして最後に彼は、こう宣言するのである。集産主義は放棄すべきである、そして個人主義の進展は自己責任の拡張をともなわなければならない、と。ここで問題になるのは、個人と共同体のあいだに新しい関係性を確立していくことであり、この新たな関係性を表現するモットーは、「責任なくして権利なし」だろう。第三の道のそれ以外のモットーには、「民主主義なくして権威なし」がある。ポスト伝統社会では、権威を正当化する唯一の道は民主主義である、とギデンズはいう。そして彼は、再帰的近代化という情勢において社会の統合性を維持し社会的連帯を保持するやりかたとしてもっとも重要なのは、能動的な信頼の創造であると強調するのである。

ギデンズが論じるところによれば、民主主義を拡張するには、国家と政府を、市民社会と提携しながら行動するものに改革する必要がある。彼が唱導する改革には、分権化、公共圏の役割の拡大、行政の効率化、月並みな投票制度を超える新しい民主主義の実験、リスク管理における公的介入の増大といったものがふくまれる。第三の道の政治は、このようなやりかたで、新しい民主主義国家の創出をめざすが、この国家は、新しい混合経済という条件において、市民社会と緊密に協働するのである。混合経済についてはギデンズが以下のように記述している。「新しい混合経済は、公共の利益に配慮しつつ、市場のダイナミックな力をうまく活用し、公的部門と私的部門を結合して相乗効果を発揮させる。国家、地方のレヴェルでも、国際的レヴェルでも、規制と規制緩和のバランスに、そして社会生活を考えるにさいしては、経済的なものと非経済的なもののバランスに配慮する[†21]」。福祉国家が解体されるだろうということではなく、「責任をもってリスクを引き受ける者」からなる社会を創出するためにリスクと保障のあいだの関係が転換されねばならないのだ。同様に、再分配の意味も「諸可能性の再分配」へと転換されねばならない、というわけである。

私の議論にとってとりわけ重要なのは、第三の道の政治は「一国単位の政治」であるというギデンズの主張である。なぜならここにはギデンズの政治プロジェクトの非対立的性格がよくあらわれているからである。もちろんこれは、政治的なものから敵対性の次元を抹消する彼の社会学理論の主要な議論と一致している。ポスト伝統社会でも、不同意は存在するのだが、それらは対話や教育によって乗り越えられるのだ。つまりそれらは根本的な対立を表現するものではないのであり、社会はもはや階級対立と無縁である、というわけだ。じつのところ、階級という概念こそが、彼の「生きることの政治」が抹消を試み、のみならず「ライフ・スタイル」をめぐる問いにすりかえようと試みる対象にほかならない。

さらに、ギデンズがこの新しい民主主義国家を、「敵のない国家」とみなしていること、彼の議論の大半が、二極化の時代以降、国家はいまや敵ではなくて危険に直面している――つまり正当性の源泉を、戦争の脅威とはべつのところに捜し求める必要がある――という観念に依拠するものだという点は強調しておく必要がある。これらの考察はもちろん、二〇〇一年の九・一一の出来事以前に出版されたのであり、だから「対テロ戦争」が叫ばれる今日においてはもはやどうしようもなく時代遅れのようにみえる。けれども推測するに、ギデンズは自身の立場に固執して、これらの出来事は、再帰的近代化の進展に対して原理主義者の反動が引き起こした一時的な後退にすぎないと説明しようとするのではないだろうか。

ギデンズの政治的提言をどう評価したらよいのだろうか？　彼は自分の目的が、社会民主主義の再建に寄与することにあると主張する。しかしながら、ここでいわれる再建がじつのところ、社会民主主義のプロジェクトに、資本主義の現段階を受容させることでしかないのは明白である。これは劇的な立場の転換である。なぜなら、社会民主主義の目的はいつも、資本主義が引き起こす不平等と不安定性という構造的な諸問題と直面することだったからだ。しかしながらギデンズは、もはやオルタナティヴは存在しないと宣《のたま》うがゆえに、こうした［資本主義が引き起こす構造的な諸問題のような］時代遅れとされる次元を棄て去ってもなんの痛痒も感じないのである。彼はただ、グローバルな市場原理と、彼のいうところの政治なるものが取り組んでいると称するさまざまな問題——排除から環境リスクにいたる——とのあいだにある体系的な結びつきを見過ごしているだけなのだ。彼が対抗モデルを超えた「対話型政治」を認識し、さらに社会のすべての部門を潤す解決策を生みだせるのは、ただこのような条件においてである。このような、同意を旨とするポスト政治的な立場の特徴としては、根本的な対立を回避し、現代の資本主義の批判的な分析を度外視することが挙げられよう。このことゆえにそれは、ネオリベラリズムのヘゲモニーに挑戦できないのである。

新労働党《ニュー・レイバー》による社会民主主義の「再建」

社会民主主義の再建に向けたギデンズの提言が、新労働党《ニュー・レイバー》の政策を支えるものであることを検証するなら、ネオリベラルのヘゲモニーと「第三の道」が合致することの証拠をみいだせるだろう。しかしここで、ブレア政権のさまざまな政策を詳細に分析するつもりはない。せいぜいその基本的な道筋を示唆するだけでよい。私が問うてみたいのは次のことだ。いわゆる「中道左派」の政治はどれくらいラディカルなのか、それははたしていかなる合意を推し進めようと試みているのか？　この問いに対する答えは意気消沈させるものでしかない。スチュアート・ホールが指摘したように、[†22] 新労働党は、サッチャリズムが支配した一八年のあいだ維持されていたネオリベラルのヘゲモニーに挑戦するどころかむしろ、サッチャリズムの終焉後、その残骸を拾っただけなのである。ブレアは、たしかにサッチャーとは違うやりかたではあるが、結局はネオリベラルの土俵に適応することを選んだ。その企図は、社会民主主義をネオリベラリズムへと融解させることにあったのだ。ホールがいうには、新労働党の長期戦略は、「社会民主主義を、自由市場を奉じるネオリベラリズムの一変種へと変化させること」である。たしかに、ある程度の再分配や、公共サービスの向上に努めるといった社会民主主義的な目標は、いまだに存続している。とはいえこれらはネオリベラルの政策に従属しているのだ。すなわち法人企業を、かつての社会民主主義政権が資本主義を制御するべく設定していた規制から自由にするという政策である。福祉国家は、内部市場が導入され、管理運営の技術が伝播し、効率性・選択・淘汰といった「起業家的な価値観」の主たるものが広く共有されるにしたがって「近代化」される。たしかに、ここで国家は、ネオリベラリズムの場合のように敵とはみなされない。しかしながらその役割は完全な変容を遂げた。それはもはや「「自然にまかせている
ならば」富と権力と機会の莫大なる不平等を生み出す社会で、恵まれず力のない者を支援するものではなくなり、個人個人が自己責任ですべての社会的必要――健康、教育、環境、旅行、

住居、育児、失業のための備え、老齢年金など――をまかなうことを手助けするものでしかない」[†23]。新労働党は「積極的な政府」をこのようなものとして理解するのだ。

ジョン・グレイもやはり、新労働党の知的構成においては、ネオリベラル・イデオロギーの過大評価と市場への盲信があることを強調している。そして、私有化［民営化］《プライヴァタイゼーション》の面においては、ブレアのほうがサッチャーよりもさらに先まで進んでいると指摘するのである。彼は、司法システムと刑務所業務に市場原理が導入されていることを例にこう述べている。「ここで市場の諸力が国家の中核に導入される。サッチャー時代においては、この推移を支持したのは右よりのシンクタンクにかぎられたのだが」[†24]。グレイのみるところでは、ブレアがサッチャー以上に推進した政策にふくまれるのは、郵便事業の規制緩和、国民保健サービスへの市場原理の導入である。

新労働党が左派としてのアイデンティティを放棄したことは、平等をめざす闘争をやめたところにはっきりと示されている。党のスローガンは、いまや「選択」の供与である。階級は姿を消し、いまやキーワードは「包摂」と「排除」である。社会は基本的に中流階級からなるものとみなされている。唯一の例外としてあげられるのは、きわめて富裕な一握りのエリートと、「排除された」人びとの両極である。社会構造に対するこうした見方が、新労働党が唱導する「中道における同意」の基礎になる。このような見解はもちろん、「ポスト伝統」社会はもはや不平等な権力関係によって構造化されていないという［ギデンズの］教義と一致する。市場によってシステマティックに産出される不平等を「排除」の見地から再定義するなら、不平等の原因にかんする構造的な分析なしですませることができるし、さらに、これら不平等と取り組むにさいしては権力諸関係においていかなる変革が必要なのかという根本的な問いを回避することになる。こうすることによってのみ、「近代化された」社会民主主義は、伝統的な左派のアイデンティティをしりぞけ、「左派右派を超えた」ところに立ち位置を定めることができるのである。

ギデンズは、旧来の左派と右派の分裂を乗り越える方策の一つとして、国家と市民社会のパートナーシップを設立していくことを提唱する。このアイデアは、新労働党が積極的に採用し、「官民パートナーシップ」（ＰＰＰ）なるものによって実現されたが、公共サービスに悲惨な結果をもたらすことになった。ここではもはや、鉄道のたどった悲惨な話をふたたび語る必要などない。公共交通機関における主要な部門の運営を私企業に委託しようとする試みは壮絶な失敗となり、それゆえに国家が呼び戻されなければならなくなったのである。にもかかわらず、新労働党のＰＰＰへの熱情は鎮まることなく、それ以外の分野に適用しようとの試みが依然つづけられている。ＰＰＰの戦略はもちろん、第三の道というパラダイムにもとづいている。そこでは、国家（左派）でもなく民間部門（右派）でもなく、これらがほどよく調合されたパートナーシップが重要とされる。国家が投資のために資金を調達し、起業家が利潤を獲得する。とはいえもちろん、これらのせいで被害をうけるのは市民（新労働党の用語においては消費者）

なのだ！

このように、社会民主主義の再建なるものは、「ネオリベラリズムの社会民主主義的変種」（ホール）を産み出している。新労働党の事例がはっきり示すのは、社会がつねに権力諸関係の特定の構造を通じてヘゲモニー的に構成されていることを認識しないなら、既存のヘゲモニーを容認し、そこでの諸勢力の配置に捕らわれたままになるということである。対抗モデルは乗り越えられたとうそぶく「中道における合意」のその必然的な帰結が、ここまでみてきた事態である。政治は、左派と右派のあいだで闘技的な論争が生じる場であることをやめ、「操作」へと引き下げられる。もはやそれらのあいだには根本的な差異がないため、諸政党は広告業者の助力をえながら怜悧なマーケティングをおこない、みずからの製品を売り込もうとするのである。その帰結は、政治不信の増大であり、投票率の激減である。民主主義の過程への信頼を市民が完全に喪失するのは、もはや間近のことではないか？

---

†1 Ulrich Beck, *The Reinvention of Politics: Rethinking Modernity in the Global Social Order*, Cambridge, Polity Press, 1997, p. 38.

†2 Ulrich Beck, 'The Reinvention of Politics: Towards a Theory of Reflexive Modernization', in U. Beck, A. Giddens and S. Lash, *Reflexive Modernization*, Cambridge, Polity Press, 1994, p. 5.（ウルリッヒ・ベック「政治の再創造：再帰的近代化理論に向けて」、ウルリッヒ・ベック、アンソニー・ギデン

ズ、スコット・ラッシュ『再帰的近代化：近現代における政治、伝統、美的原理』松尾精文・小幡正敏・叶堂隆三訳、而立書房、一九九七年、一七頁）

†3 *Ibid.*, p. 42.（同書、八一 - 八二頁）

†4 *Ibid.*, p. 18.（同書、三八頁）

†5 *Ibid.*, p. 22.（同書、四六頁）

†6 *Ibid.*, p. 23.（同書、四七頁）

†7 Beck, *The Reinvention of Politics*, pp. 168-9.

†8 Anthony Giddens, *Beyond Left and Right*, Cambridge, Polity, 1994, p. 7.（アンソニー・ギデンズ『左派右派を超えて：ラディカルな政治の未来像』松尾精文・立松隆介訳、而立書房、二〇〇二年、一八 - 一九頁）

†9 Anthony Giddens, *Modernity and Self Identity*, Cambridge, Polity, 1991, p. 214.（アンソニー・ギデンズ『モダニティと自己アイデンティティ：後期近代における自己と社会』秋吉美都・安藤太郎・筒井淳也訳、ハーベスト社、二〇〇五年、二四三頁）

†10 Giddens, *Beyond Left and Right*, p. 92.（前掲『左派右派を超えて』、一二二頁）

†11 Anthony Giddens, *The Third Way*, Cambridge, Polity, 1998, p. 36.（アンソニー・ギデンズ『第三の道：効率と公正の新たな同盟』佐和隆光訳、日本経済新聞社、一九九九年、七三頁）

†12 Giddens, *Beyond Left and Right*, p. 93.（前掲『左派右派を超えて』、一二三頁）

†13 *Ibid.*, pp. 117-24.（同書、一五一 - 一五九頁）

†14 *Ibid.*, p. 119.（同書、一五四頁）

†15 *Ibid.*, pp. 130-1.（同書、一六八 - 一六九頁）

†16 Beck, 'The Reinvention of Politics', p. 178.（前掲『再帰的近代化』、三二四 - 三二五頁）

†17 Perry Anderson, 'Power, Politics and the Enlightenment', in David Miliband (ed.), *Reiventing the Left*, Cambridge, Polity Press, 1994, p. 43.

†18 Ernesto Laclau and Chantal Mouffe, *Hegemony and Socialist Strategy: Towards a Radical Democratic Politics*, London, Verso, 1985.（エルネスト・ラクラウ、シャンタル・ムフ『ポスト・マルクス主義と政治』山崎カヲル・石澤武訳、大村書店、一九九二年）

†19 Giddens, *The Third Way*, p. 27.（前掲『第三の道』、五七頁）

†20 *Ibid.*, p. 64.（同書、一一五頁、強調同書）

†21 *Ibid.*, p. 100.（同書、一六九頁）

†22 Stuart Hall, 'New Labour's Double-Shuffle', *Soundings*, 24, Autumn 2003.

†23 *Ibid.*, p. 18.

†24 John Gray, 'Blair's Project in Retrospect', *International Affairs*, Vol. 80, 1, January 2004, 43.

第Ⅳ章

ポスト政治的ヴィジョンに対する最近の挑戦

Four
Current Challenges to the Post-political Vision

進歩に対する抵抗が現実にはあるにもかかわらず、「再帰的近代化」を唱える理論家や「第三の道」の政治家が提示する楽観的な見取り図を信じるのであれば、今日の基調となる趨勢は、統合された平和な世界へと向かうものであるはずだ。しかしながら、実際のところは全然このようなものではなく、彼らのポスト政治的ヴィジョンは、いたるところでますます矛盾に直面している。たしかにここ数十年で、左派と右派を分かつ境界線は曖昧模糊となっている。だが多くのヨーロッパ社会で目撃されるのは、成熟した民主主義の条件の創出ではない。むしろ民主主義制度の正当性が失われつつあることなのだ。そのうえ、国際政治をみてみると、二極的世界秩序の終焉がもたらしたのはよりいっそう調和的なシステムどころか、むしろ新しい敵対性が無数に炸裂するという事態である。二〇〇一年の九・一一という劇的な出来事や、これらが誘発した「対テロ戦争」が起きる以前においてでさえ、敵対性は消え去るどころか、国内および国際的な情勢の両方で、新しい形姿をまとってあらわれつつあることはあきらかであった。

ポスト政治的方法が浅薄であることは、たとえばヨーロッパのいくつかの国における右翼ポピュリズム政党の出現によってすでにあきらかにされていたが、これらの成功は、リベラル派の理論家もコメンテーターも同様に困惑させている。彼らははたして、集合的アイデンティティが消滅しつつあるという自分たちの主張に反して、先進諸国における人びとの多くが、「民族」など「太古的」だとみなされてしかるべき同一化の形態に訴えかける政党に惹かれていることを、どうやって説明するのか？　対話理論の唱導者は、伝統的なしがらみから自由な、非党派的で個人主義的な新しい投票者、つまり異なる政党のあいだで合理的に「選択する」者があらわれたことを賞賛するが、ならばはたして、ポピュリズム的情念が突如噴出したことについてどのように理解するのだろうか？

まず、この現象を、過去からの隔世遺伝がいまだに克服されていないとする解釈に帰着させようとする解答がある。これはたとえば、オーストリアにおける自由党の成功を解釈するやりかたである。イェルク・ハイダーが大衆的人気を集めるのは、オーストリアがじつのところナチス時代の過去といまだに折り合っていない国だからだとする見解が拡がっているのだ。心配することはない、なぜならこれは特殊ケースであって、他の国でくり返されるような現象ではない、というのである。

しかしながら、「過去の残滓」を手がかりとする安直な説明が不適切であることは、それぞれに大きく異なる歴史をもつそれ以外の多くの国々で似たような政党が出現しつつあるという事態によってすぐにあきらかになった。ベルギー、デンマーク、スイス、オランダ、ノルウェー、イタリア、そしてフランス（主要な国を挙げるだけでもこんなにある）で、右翼ポピュリズム政党が着実に成功しつつあるのだが、この原因を、こういった国々が自分自身の過去とのあいだに批判的な関係を形成しえていないことに帰着させるのは、あきらかに無理がある。だからリベラル派の理論家は、みずからの合理主義的な方法にかなう説明を、デマゴーグにだまされやすい無教養な下層階級を支持層として強調するなど、さらにべつの場所に求めるのである。けれどもこれも徒労でしかない。なぜなら、社会学的な分析は、ポピュリズム政党を支持する投票者が、有権者のすべての層にみいだされることをはっきり示しているからだ。

ならば、このような新しい右翼ポピュリズムの共通点を説明することはできないと結論すべきなのだろうか？　私はそう思わない。近年、ポピュリズム的な修辞を基盤にして成功をおさめている諸々の政党が期せずして台頭しているのが偶然の一致ではないのは確実である。しかしながら、その原因を「後進性」の徴候――それらの国の歴史や有権者の社会的地位における後進性——に探し求めるべきではなく、むしろ、主要な政治政党の欠陥に注目しなければならないのである。

右翼ポピュリズム

右翼ポピュリズムの侵攻が深刻化しているすべての国において、民主主義政治がどのような状態なのかを検討するなら、そこには驚くほどの類似性が認められる。右翼ポピュリズムの伸長する共通の状況があって、それは伝統的民主主義政党のあいだの違いがかつてよりもなくなっていることである。たとえばオーストリアのような場合は、連立政権が長期化したこと、あるいはフランスのような場合においては、かつては政治における勢力分布の左にはっきりと位置していた政党が中道へ移動したこと、こうした事態がその背景となっている。しかしながら、いずれの場合においても、中道での合意が確立されてきたため、はっきり異なる政策のあいだで真に選択することが投票者には許されなかった。それゆえ、選挙制度によって第三の政党の進出に足枷のはめられていない国では、右翼のデマゴーグたちが、息苦しい合意に対するべつの選択肢への欲求を表現／節合《アーティキュレート》することができるのである。

オーストリアの事例はとりわけ興味深い。なぜならそれは私の議論を確証する事例としては最初期のものだからだ。[†1] オーストリアで中道における合意が成立したのは、第二次世界大戦後すぐ保守系の国民党（ÖVP）と社会民主党（SPÖ）とのあいだに「大連立」がつくられることによってであった。この二つの政党は独自の協同のありかたを考案したが、それによって国民生活を、政治、経済、社会、文化などの多岐にわたる領域で統制することができたのである。「プロポルツ・システム」[*1]のおかげで、銀行、病院、学校、国営産業における主要なポストを、各党上層部のあいだで配分したのである。イェルク・ハイダーは、一九八六年にオーストリア自由党（FPÖ）の実権を掌握するやいなや、かつてはほとんど消滅しかけていた党を、「大連立」に異議申し立てする政党に変容させた。大連立は、まさしくこのようなデマゴーグに長けた者が台頭するのに理想的な条件だったのだ。人民主権のテーマを積極的に活用しながら、ハイダーは、エリートの連立による支配に対して高まりつつある抵抗感をすばやく表現／節合してのけたのである。

ハイダーの言説上の戦略は、地道な勤労者や国民の価値を尊重する者であるすべての善きオーストリア人としての「われわれ」と、権力の座にある政党、労働組合、官僚、さらには外国人、左派の知識人、あるいは芸術家など、真の民主主義的討論を妨げる者とみなされるありとあらゆる者からなる「彼ら」とのあいだに境界線を構築することにある。このようなポピュリ

＊1　国家の重要なポストを選挙の結果におうじて均等に配分するという制度。これにより国家のポストは、両党の構成員か両党のどちらかに関係をもつ人びとに独占されることになった。

ズム的戦略のおかげで、自由党に対する選挙民の支持が劇的に急増し、一九九九年一一月の選挙で自由党は保守派を猛追、得票率二七パーセントで第二党に躍進したのだ。

もちろん、それ以降、政権への参加によって自由党の勢いは弱まっていった。地方であれ国家レヴェルであれ、あらゆる選挙で着実に足場を失い、二〇〇四年六月の欧州議会選挙では得票率がついに六・七パーセントにまで落ち込んでしまうのである。この凋落の理由についての検討はきわめて有益だろう。たとえばそれを、このときまでオーストリアで優勢だった Ausgrenzung（排除）の戦略――その戦略にのっとって二大政党は、自由党を政権参加から排除することをめざした――が間違っていたことの格好の論拠を提供するものと解釈できる。しかしながらこれはここでの私の関心事ではない。強調したいのは、広く行き渡っている見解とは反対に、自由党の著しい躍進を説明するのは、いわゆるナチスへの郷愁に対する訴えかけではなく、むしろ集合的な同一化のための強力な極を「人民」と「共謀するエリート層」との敵対の周囲に構築していくハイダーの技量であるということだ。じつのところ、ひとたび連立与党の一部となるやいなや、自由党には、この「反体制」という極を保持することがむずかしくなったのだけれども。

ベルギーにおける［極右民族主義政党の］フラームス・ブロック（VB）の成功も、オーストリアと同類の反体制ブロックの構築によって説明できる。党の本拠地はアントワープだが、そこでは、社会主義政党とキリスト教民主主義政党の連合が何十年ものあいだ、政治権力を独占してきた。こうした事情のおかげで、VB（最近になってフラームス・ブラングと改名）は、「腐敗したエリート層」に対し唯一対抗可能で現実的なオルタナティヴとしてみずからを提示できたのである。[†2] この状況において、VBが権力につくのを阻止するために主要政党が張りめぐらせた防疫線はいまだに存続しているとはいえ、この政党は着実に力を増し、二〇〇四年の欧州議会選挙では二四・一パーセントの票を獲得してフランドル地方全体で第二の主要政党になった。

フランスの場合、国民戦線の台頭は一九八〇年代にはじまるが、それはミッテランが勝利して、社会党が政治的には中道へとむかい、既存のヘゲモニー的秩序に対してオルタナティヴとなる主張のすべてを放棄したときであるのは明白だ。このおかげでジャン＝マリー・ルペンは、自分こそが支配的秩序に挑戦できる唯一の者だと主張することができたのである。彼の提案する解決策はもちろん受け入れがたいものであるが、その言説の政治的性格は否定しがたくあきらかである。二人の主要な候補者であるジャック・シラクとリオネル・ジョスパンがきわめてよく似た政策を提唱したことで特筆すべき二〇〇二年の大統領選挙で、ルペンが多くの票を獲得し、ジョスパンを決選投票の場から追い落としたことは、それゆえにべつに驚くべき事態ではない。選挙制度上、得票率をもって実際の選挙民の意思とみなすのはむずかしいが、それにもかかわらず、国民戦線はそのとき以来、得票率およそ一三パーセントのレヴェルを維持できるようになった。

合意型モデルの危険性

この章で私は、国内および国際政治で、対立を表現するための闘技的な回路が欠如していることの否定的な帰結を論じるつもりだが、ポピュリズムの最近の成功をいくつかざっとみるだけで、その主要な命題の一つを説明するのに十分である。国内政治にかんするならば、私の主張は以下のとおりだ。「反体制」政党の強力な魅力は、効果的なオルタナティヴを提示する能力が既存の民主主義政党にないことからもたらされており、さらにそれは、今日支配的である合意型の政治モデルという文脈のなかでしか把握できない。

ポピュリスト政党の着実な成功は、これまでに論じてきた命題のいくつかを鮮やかに裏づけている。政治の対抗モデルは終焉したと主張され、しばしば民主主義にむかう進歩とみなされ賞賛されているが、私がこれにかんして述べた事柄に立ち戻るところからはじめてみたい。私は、左派と右派の境界が曖昧になり、しかも民主主義諸政党のあいだで交わされるはずの闘技的な討論、つまり異なる政治的企図のあいだに生じるはずの対決が欠落しているために、結果として投票者は、さまざまに分化した一連の民主主義的な政治的アイデンティティのどれに対しても、同一化する可能性を失ってしまうと論じてきた。それによって生まれる空白は民主主義システムの作動にとって障害となりうる、べつの同一化の諸形態によって埋められる傾向にある。集合的アイデンティティの消滅が宣言され、個人主義が勝利したのにもかかわらず、集合性の次元は政治から消去されえないのである。集合的アイデンティティは、伝統的な政党を介してあらわれることができないとなると、それ以外の形でもたらされることになるだろう。右翼ポピュリズムの言説とともにあらわれているのは、あきらかにこの現象である。その言説は「人民」と「体制」のあいだの対立の周囲に構築された、新しい類型のわれわれ／彼らの対立を、衰弱した左派／右派の対立にとってかえるのである。政治を個人の動機に還元可能と考える人びととは反対に、新しいポピュリストは、政治がつねに「われわれ」対「彼ら」の創出にあること、集合的アイデンティティの創出を要請することをよく認識している。だからこそ、同一化のための集合的形式を「人民」を核にしてつくりだす彼らの言説が力強い魅力を放つのである。

かりにこうしたことを、政治における情動的な次元の重要性と、情念を民主主義の回路を通じて動員する必要性とについて述べてきた論点に関連させるなら、対話と合理的な討論を重視する、民主主義政治にかんする合理主義的モデルが、集合的な同一性に「人民」などの情動に充ちた内容をあたえるポピュリズム政治に対面したとき、なぜ脆弱であるかわかるだろう。支配的な言説において唱導されるのは、現在のネオリベラル的形態をまとったグローバリゼーションにかかわるオルタナティヴは存在せず、だからそれの下す指令にはしたがうしかない、というものである。このような状況において、オルタナティヴは存在するのだ、決定する権限を民衆の手に取り戻そう、と叫ぶ人びとの声が日増しに大きくなっているのも驚くべきではない。民主主義政治が、人びとを明確な政治的企図の周りに動員していく能力を失い、市場が円滑に機能するのに必要な条件を護持することにみずからを限定していくならば、政治的なデマゴーグが人民のフラストレーションを表現／節合していくための条件は熟すのだ。

かねてよりイギリスの事例は、このような事態の展開に対する反証となるように思われてきた。しかしながら、二〇〇四年の欧州議会選挙における独立党の成功は、情勢の変化を示唆している。このような政党の命運を予測するのはもちろん時期尚早であるし、さらにイギリスの選挙制度はたしかに第三党の躍進が容易だという事情もある。しかしながら得票に占める割合がめざましく上昇したことについては、真剣に受け止めなくてはならない。イギリスでは今日、右翼ポピュリズム政党が人びとのフラストレーションにつけこんでいくためのあらゆる条件が整いつつあることは否定しがたい。トニー・ブレアの指導下で新労働党が右へと移動して以来、昔から労働党に投票していた者の多くが、政党によって代表されているとはもはや感じなくなっている。人口の大部分の要求は、ますます政治的な議題の外へと追いやられており、それらは才能のあるデマゴーグによって、ポピュリズム的言説を通じて容易に表現／節合されてしまうのである。こうした事態こそまさに、多くのヨーロッパ諸国で起こりつつあることなのだ。イギリスの政治にみてとれるのはあきらかにこれと同様の現象であった。

右翼ポピュリズム政党の成功の大部分が、伝統的な諸政党は考慮に入れない真に民主主義的な要求を、まがりなりにも彼らが表現／節合している――たしかにきわめて問題ぶくみのやりかただが――という事実のおかげであることをそろそろ認めてよいころだ。彼らは、物事は別様でもありうるという信念によって、一つの希望を与えてくれるのだ。もちろんそれは、誤った想定や外国人嫌悪にたいていい駆動された容認しがたい排除の仕組みにもとづく、幻想的な希望である。しかし、政治的な情念を表現するための回路が右翼ポピュリズム政党以外にないとなると、オルタナティヴを提示するというその主張はとても魅惑的なものとなる。このことゆえに私は、右翼ポピュリズム政党の成功は、ポスト民主主義の時代において活気ある民主主義的討論が欠落していることの帰結であると考えるのである。左派／右派の境界線が薄れることは民主主義に資するどころか、むしろその土台を掘り崩すことでしかないことはあきらかである。［左派／右派の境界線にかわる］新しい政治的境界線が引かれることをとおして、本性上、民主主義的構えにとって害をおよぼすような集合的アイデンティティの出現のための空間が創出されるのである。

右翼ポピュリズムが躍進したことに対する伝統的な諸政党の反応は、問題を悪化させる一因でしかない。彼らはこの現象の要因を政治的、社会的、経済的なものとして検証せず、その新しさを、「極右」とレッテルを貼ることですぐさま無視してしまうのである。こうすることで彼らは、その種差性と原因を問わず、さらに、人びとが現行の政治制度を拒否することの責任は、自分たち「善良なる民主主義者」にあるのではないかと問うのを避けるのだ。説明はすでに手中にある。「褐色の悪疫」〔＝ファシズム〕がふたたび醜い頭をもたげたのであり、だから、すべての民主主義勢力はこの悪しき勢力が再度出現するのに抗して一致団結しなければならない、というわけである。かくして、道徳的な弾劾と「防疫線」を設けることが右翼ポピュリズム運動の躍進に対する返答とされるのだ。

道徳の作用領域《レジスター》における政治

このような道徳的な反応は、ポスト政治的立場がはらむもう一つの重大な欠点をさらけだしている。政治的な分析の欠如には、もちろんいくつかの理由が考えられる。支配的な見解においては、政治の対抗モデルが乗り越えられ、集合的な政治的アイデンティティはもはや「第二の近代」に適合しないと主張されており、右翼ポピュリズムの出現は、せいぜい、古代的な諸力の回帰としか解釈されなかった。このことゆえに「極右」なる範疇が便利なものとされたのである。そのうえ、支配的な立場からすれば、右翼ポピュリズム政党との対決を、政治の対抗モデルをあらわすものとして捉えることはありえなかったために、これらの政党は政治的な観点からみられることがなかった。すなわち政治的に闘うべき対抗者とはみなされなかったのである。それゆえに境界線を、「善良なる民主主義者」と「悪しき極右」とのあいだに道徳のレヴェルで引くことがきわめて好都合とされたわけである。

この動向にはさらなるおまけがつくことに留意しなければならない。合意する諸勢力からなる「われわれ」のアイデンティティを保持するために必要な「構成的外部」をつくりだすということである。先に強調したように、排除なくして合意はなく、「彼ら」なくして「われわれ」はなく、境界線を引くことなしにはいかなる政治もありえない。それゆえに、「善良なる民主主義者」のアイデンティティを確立するにはある種の境界線が必要であった。そこで「彼ら」を「極右」として描きだすというトリックが用いられたのである。「われわれ」／「彼ら」の政治的な区別をこのようなやりかたで設けるのは、リベラル派に典型的なごまかしであるが、そこでは同時にこの区別が道徳的な本性として提示されるためその政治的特質は否定されるわけである。かくして善良なる民主主義者のアイデンティティは、政治の対抗モデルは乗り越えられたという主張は無傷のまま、悪しき極右の排除によって維持されるのである。

さらなるおまけは、伝統的な反ファシズムの言説群が活用されることで、いわゆる「極右」に対して、じつのところ情念が動員されていることである。人びとは、「悪しき諸勢力」の弾劾にただ参加するだけでいい気分になり、有徳の士であるかのように感じることができるのである。もちろん、情念のこのような動員は、そのものとしては認識されることなく、普遍的な諸価値を守ることを望む道徳的な人間存在の合理的な反応とみなされたのである。こうして、それは支配的な合理主義的視点に適応するよう手なずけられたわけだ。

オーストリアにおける二〇〇〇年の総選挙に対する諸々の反応は、右翼ポピュリズムの躍進に対するこのような道徳的反応の好例である。保守派とポピュリストによる連立政権が樹立されたとき、ヨーロッパでは強い抗議が広くわきおこり、EUの一四の政府は、オーストリア政府に対し外交的な「制裁」を科すことに決めた。ヨーロッパ的価値観の防衛と、人種主義と外国人嫌いに対する闘争を名目に——自国で闘うより他国を非難するほうがいつも簡単である——左派と右派の政治家たちは、新しい連立政権がなにか非難に値することをやってしまう前に村八分とすべくたがいに協力することにした。すべての善良なる民主主義者は、「ネオナチ」とみなされる政党が権力の座につくのを糾弾することをみずからの義務と考えたのである。戦闘的姿勢の報道機関に後押しされて、新たに戦うべき悪をみいだしたのはこれ幸いとでもいうかのように怒濤のような悪魔化のキャンペーンが始動したが、すぐさまその矛先は、すべてのオーストリア人にも向けられ、十分に「脱ナチ化」していないと責め立てたのであった。オーストリアにおける人種主義と外国人嫌いを非難することは、「善良なる民主主義者」の一体性を保証するための便利な方策となる。それによってこの「善良なる民主主義者」は、民主主義的諸価値への忠誠をひけらかしつつ、その一方で、自国での自分自身の政策については批判的検討を回避するのである。

このような道徳的な反応のうちには、きわめて倒錯的な機制が作動していることに気づくべきである。この機制は、他者における悪を非難することを通じて、みずからの善良性を保持することにある。他者を弾劾するのは、自身が道徳的に価値があるという高邁な観念を保証するやりかたとしては強力でありかつ容易である。それは自己理想化の一形式だが、フランソワ・フラオーはこれを、「いい気分の清教徒主義」と名づけながら鋭く検討している。「善行について延々としゃべり、犠牲者に感情移入し、他者の邪悪さについて憤慨を表明する」[†3]というのがその定義である。彼によれば、功利主義的で合理主義的な私たちの時代においては、このような形の自己理想化は人びとにとって、みずからの凡庸さから逃れ、自分自身の外側に悪を放擲し、なんらかの形のヒロイズムを再発見するためにわずかに残されたものなのである。フラオーのこの見解はあきらかに、ポスト政治的な社会において、道徳的な言説の果たす役割の増大を説明してくれている。

私がみるところでは、対抗モデルの特質である政治的境界線が薄れつつあることと政治の「道徳化」とのあいだには直接的な関連がある。このような文脈で「道徳化」という用語を用いるからといって、私はもちろん、いまでは人びとがより公平無私で、不偏不党な動機にかられて政治の領野で共通の善を探して行動していると言うつもりはない。ここで示唆したいのは、「われわれ」／「彼ら」の敵対が、政治的な見地からではなく、いまでは「善」対「悪」という道徳的な範疇にしたがって構築されているということだ。

用語のこのような変化においてあきらかになるのは、しばしばいわれるように、政治が道徳に取って代わられたということではなく、政治が**道徳の作用領域《レジスター》で**実践されるようになったということである。政治の「道徳化」は、このような意味において、すなわち、政治がさらに道徳的になったのではなく、むしろ、いまや政治的な敵対性が道徳の範疇で形成されるようになったという意味において理解してもらいたい。私たちはいまだに、政治的な友／敵の区別に直面しているのだが、しかしながらそれらはいまでは、道徳の語彙を用いて表現される。もちろんこのような事態は、国際政治においてはすでに通常のことになりつつある。たとえば、アメリカ合衆国の人たちは、みずからの政敵を難詰するさいに道徳的な語彙を用いるのをつねに好んできた。ロナルド・レーガンと彼のいうところの「悪の帝国」を思い出すだけで十分だ。だがこの「悪の枢軸」に対するジョージ・W・ブッシュの聖戦には、じつは多くの先行者がいる。ここで新しいのは、右翼ポピュリズムに対する反応にあきらかなように、こうやって政治を道徳化する所作が現在ではヨーロッパの国内政治においても起こっているということだ。そしてヨーロッパの国内政治では、この事態はポスト政治的な立場の確立に寄与した者のすべて――ほぼ間違いなく善意の理論家たちだが――が提唱している、合意型のポスト対抗モデルの帰結であることはあきらかである。

対抗的なモデルの終わりを唱えたとしても、より成熟した合意型の民主主義形態の条件をつくりだすどころか、正反対の効果を産出することにしかならないのである。政治が道徳の作用領域において実践されるならば、敵対性は闘技的な形態をとることができない。事実、敵対者たちが政治用語ではなく道徳用語で定義されるとき、その者たちは「対抗者」ではなく「敵」とみなされるのである。「悪しき彼ら」とはいかなる闘技的な討論も不可能であり、ただ抹殺されなければならない。そのうえ、彼らはしばしばある種の「道徳的な病」のあらわれとみなされるため、彼らが出現し、そして成功をおさめつつあることについての説明さえもなされるべきではない。このことゆえに、先ほど右翼ポピュリズムの事例に即してみたように、道徳的な非難が適切な政治的分析に取って代わるのであり、そして解決は、侵食された区域を隔離するための「防疫線」をはることに限定されるのである。

友／敵型の政治モデルは乗り越えられたとする主張が、政治の敵対モデルを時代遅れのものと宣告しておきながら、その再生の条件をつくりだしてしまったのは皮肉な事態である。しかしながら、ポスト政治の立場は、活発な闘技的公共圏の形成を妨げることで、「彼ら」を「道徳的なもの」、つまり「絶対的な敵」とみなすことにいたりつき、それによって、民主主義の制度を危険にさらしかねない敵対性の出現を促しているのである。

一極的世界の帰結としてのテロリズム

ここまでの本書のねらいは、支配的なポスト政治的世界観が、民主主義政治の内的な仕組みにいかなる作用をおよぼすのかをあきらかにすることであった。ここからは、闘技的な方法の有効性を世界政治との関連で検証するために、国際的な領域に目をむけてみたい。最近の国際的な出来事から、政治的なものの次元を度外視したがためにもたらされる帰結にかんして教訓を導き出すことができないだろうか？　二〇〇一年の九・一一の出来事やテロリストの攻撃の増殖について、闘技的な枠組みのなかで理解するとしたら、これらはどのような意味をもつのだろうか？　適切に政治を位置づける視点からすれば、ここ数年に起こった諸々の敵対性について、なにがわかるであろうか？　こういった問いのすべてに答えるためにも、カール・シュミットには、ふたたび耳を傾けるだけの価値がある。

そのまえにまず、重要な論点をはっきりさせておこう。ジョージ・W・ブッシュの「対テロ戦争」を背後であやつるネオコンの戦略は、政治は友／敵の区別であるというシュミットの見解に影響されたものだと指摘する人たちがいる。その指摘によれば、このような視点から現在の政治を把握するならば、「文明化された世界」と「自由の敵」というような、危険な二極分化が生まれてしまうのである。こうして、ブッシュの聖戦は、政治的なもののシュミット的解釈を遂行したことから直接にもたらされた、とみなされることになる。このような危険な事態からの抜け道をみいだすためには、政治の合意型モデルへとすぐにでも立ち戻るべきだと彼らは主張するだろう。グローバル化した世界が必要とするのは、コスモポリタンでリベラルなやりかたなのだ、と。

しかし、シュミットとネオコンのあいだに親和性があるとの想定には、とんでもない誤解がひそんでいる。たしかにこれまでにみてきたように、シュミットは、政治的なものの「種差的差異」は友／敵の区別であるとくり返し強調している。しかしながら彼はつねに、このような区別は、経済や倫理にもとづくものであってはならず、政治的なものに固有のやりかたでおこなわれなくてはならないことを強調している。シュミットはきっと、ブッシュが自分の敵たちを道徳的な悪のカテゴリーを用いて描きだすのを容赦しなかっただろうし、自由と民主主義を世界にもたらすことがアメリカの義務であるというブッシュの救世主的な言説をはねつけただろう。

事実、シュミットの方法は、ブッシュの戦略を正当化するどころか、その基本的な信条をひっくり返す多くの洞察をもたらしてくれる。ブッシュの道徳的な言説の嘘をあばきたてることによって、現在の合衆国政府が文明の観念をわがもの顔に独占することを可能にしているレトリックの展開が容易に理解できるようになるのである。シュミットは、リベラルな普遍主義こそが真実で唯一の正当な政治システムを提示するのだという思い上がりに対し、きわめて批判的であった。彼は、リベラル派が「人間性《ヒューマニティ》」という概念を、帝国主義的拡張のイデオロギー的な武器として利用したことを批判し、人道主義的な倫理を、経済的な帝国主義の媒体とみたのである。シュミットはこう指摘している。

一国家が、人間性の名においてみずからの政治的な敵と戦うのは、人類の戦争であるのではなく、特定の一国家が、その戦争相手に対し普遍的概念を占取しようとし、(相手を犠牲にすることによって)みずからを普遍的概念と同一化しようとする戦争なのであって、平和・正義・進歩・文明などを、みずからの手に取りこもうとして、これらを敵の手から剥奪し、それらの概念を利用するのと似ている。[†4]

シュミットは以上のことにより、人間性の名において戦われる戦争においては、敵が人間性の無法者として提示されるやすべての破壊手段が正当化されてしまうため、きわだって非人間的なものになってしまうという事態を説明できると考えた。彼は、友と敵の境界線を「文明化された世界」と「悪しき敵」のあいだにあるものとして引くことが、リベラルな普遍主義――みずからの秩序を世界のすべてに押しつける権利と義務があることを、不当にも、人権の名において正当化する――に特有のことだと考えたのである。

シュミットは、排除なくして包摂はなく例外なくして規範はないと論じ、完全なる包摂というリベラリズムの思い上がりと「人間性」の名において語る主張が欺瞞であることを執拗に暴露した。しかしながら、人間性とみずからを同一視させつつ、みずからの支配に刃向かうすべてを不当なものとする、リベラリズムのレトリックの力をも認識していたのである。ウィリアム・ラッシュが指摘するように、シュミットは、西洋のヘゲモニーの確立において作動している中心的なメカニズムはこのレトリックにあると考え、アメリカのシステムが、みずからの特殊利益を普遍的に拘束力のある道徳規範と一致させることでグローバルなヘゲモニーを獲得しようとしたあげく、ついには、「アメリカのヘゲモニーに反対することは、そのまま普遍的な善と人間性の共通利益に反対すること」[†5]になってしまったことに驚嘆せざるをえなかった。

　しかしながらシュミットは、唯一の秩序を世界のすべてに押しつけようとするならば、悲惨な結果がもたらされるだろうとも警告した。眼前を展開中の国際的な出来事の趨勢のはらむ危険に対してきわめて敏感だったのである。第二次世界大戦後、シュミットの考察の重大な部分は、近代的な形態における政治的なものの衰退や、国家による政治的なものの独占状態の消失にむけられる。シュミットのみるところでは、政治的なものの衰退は、三世紀にわたって戦争を一定の制約内に抑制してきた間国家的なヨーロッパ法である「ヨーロッパ公法」の解体と結びついている。シュミットは政治的なものが国家に独占された状態の終わりがもたらす帰結を憂慮したが、それは国家の衰退が「国際的内戦」という新たな政治形態の条件をつくりだしてしまうことを危惧したからだ。ヨーロッパ公法が存在するかぎり、戦争は制限され、戦闘行為が絶対的なものになることもなかった。敵は、犯罪者として処遇されることも、人類の最終的な敵とみなされることもなかったのである。シュミットによれば、事情が変化しはじめたのはさまざまな要因が収斂したからだった。破壊の技術的手段が発達し、リベラル派が戦争を非合法化しようと企て、「正しい戦争」という範疇がふたたび導入された結果、戦争をめぐって差別化していく概念が出現したのである。「敵を犯罪者であると差別化すること、および同時に**正当原因**を引き入れることは、殲滅手段の上昇および戦場の場所確定喪失とパラレルに進行する。技術的な殲滅手段の上昇は、同時に殲滅的、法的、道徳的な差別化という破滅的深淵を裂き開くのである」[†6]。戦争が「非合法的なもの」と判断されるや、戦闘行為へのありとあらゆる制約が解除され、敵対者は犯罪者であり、のみならず人間ではないと宣告された。敵は「絶対的敵」になったのである。

一九六三年に刊行された『パルチザンの理論』では、シュミットはパルチザンを、政治的なものと政治的ではないものの区分線の周囲に構築された古典的な国家秩序が解体したとき、それによって生み出されたものとして提示している。パルチザンの出現は、戦闘行為に課された制限が解除されたという事実に結びついている。パルチザンは、あらゆる権利を剥奪されたがために、みずからの権利を敵対行為のうちにみいだすことになる。パルチザンは、権利と法的保護を保障してきた正当性がひとたび否定されるやいなや、みずからの大義の意味を敵対行為において発見するのである。かくしてシュミットはこの著作を、次のような冷ややかな警告で閉じることになる。

この関与者が、たがいに物理的に絶滅しあう前に、このように相互に全体的な価値剥奪の深淵へと突き進む世界においては、新しい種類の敵対関係が発生しなければならない。この敵対関係は非常に恐ろしいものになるだろうからして、人はおそらく、もはや敵あるいは敵対関係については語ってはならず、この両者は、絶滅活動が始まりうる前に、形式の完備するものでさえもあらかじめ非合法化され弾劾されるのである。そのさい絶滅は、まったく抽象的および絶対的になる。(…) 現実の敵対関係を否定することによって初めて、絶対的な敵対関係の絶滅活動のための道が開かれるのである。[†7]

二〇〇一年九月一一日以来、「ポスト国家の政治」という状況についてシュミットがおこなった考察は、以前にもまして妥当なものになってきている。実際、これらの考察は、新しい敵対性が出現していることの条件を捉えるためにとても有益なのである。ジャン＝フランソワ・ケルベガンが指摘したように、[†8] シュミットの考察を援用するなら、狂信的な孤立集団の仕業とみなすいまや支配的となった見方とはまったく異なった視点から、テロリズムの問題を検討できるようになる。シュミットを手がかりにすれば、テロリズムは、単一の超権力のヘゲモニーが中心になって形成されつつある世界秩序に特有の、政治的なものの新しい布置の所産として把握できるようになるのだ。

ケルベガンのいうように、一極的な世界秩序の危険にかんするシュミットの洞察は、テロリズムの現象の理解にとって有益であると思われる。いまでは向かうところ敵なしであるアメリカ合衆国の勢力とテロリスト集団の増加とのあいだに相関関係があるのは火をみるよりもあきらかだ。だからといって、この相関関係だけでテロリズムの説明がつくというつもりはない。実際のところ、テロリズムは、おびただしい要因をその動力としている。しかし、怨嗟を表現するための正当な政治的回路が不在の状況においては、テロリズムが頻発しがちであることは否定できないだろう。冷戦の終焉以来、合衆国の支配のもとでグローバリゼーションのネオリベラルなモデルが妨害されずに課されていくのにともなって、テロリストの攻撃がかなり増大したというのは偶然の一致ではないのである。今日、西洋型の社会政治的モデルとは異質なモデルを維持することがますますむずかしくなっているのは、ありとあらゆる国際機関が、合衆国に牽引される西洋の権力によって、程度の差はあれ直接的にコントロールされているからなのだ。

リチャード・フォークやアンドリュー・ストラウスのようなリベラルな理論家ですら――そのコスモポリタン的な提言については次章で検討するつもりだが――以下のようにいうとき、テロリズムと現在の世界秩序の関連性を認識している。

国際的なシステムに直接的かつ正式に参加する可能性が閉ざされると、不満をいだいた個人や集団は(とりわけ、自分たちの政府が正当でなく敵対的だとみなされる場合)、平和的なものか暴力的なものかは問わずさまざまな形態の市民的抵抗にむかった。グローバルなテロリズムは、超国家的《トランスナショナル》な抗議のうちでももっとも暴力的なものとして位置づけられるが、そこで彼らを駆り立てる明瞭な行動指針になるのは、グローバリゼーションと直接的にむすびつく抵抗というよりは、宗教的、イデオロギー的、地域的な目標であるかもしれない。けれども、彼らがおかれたはげしい疎外状態は、いずれにせよ、グローバリゼーションが与えた衝撃が、悩める者の政治的無意識において、文化的不正の感情とむすびつく怨嗟へと変質したことの間接的な結果としてもたらされたのだ[十九]。

国際的な舞台における状況は、いまでは、先に国内政治について指摘した状況と多くの点で類似している。つまり、実質的な多元主義が不在であるという状況によって、敵対性が、闘技という正当な表現形態をとることが不可能になっているのだ。かりに暴発するなら、極端な形態をとって、現存している秩序の根底そのものを揺るがすことになるだろう。ここで問題になるのは、またもや政治的なものの次元の否定である。すなわち問題は、政治の目的——国内的であるか国際的であるかは問わず——が単一のモデルに依拠して合意を確立することにあると信じるならば、正当な異議申し立ては不可能になってしまうことにある。既存の秩序を根底的に否定する言説と実践が増殖していることのそもそもの理由は、グローバリゼーションのネオリベラルなモデルのヘゲモニーに挑戦する政治的回路が欠落していることにあると考えるべきなのだ。

こういった視点からみれば、テロリズムは、普遍主義的でグローバル主義的な言説——人間の進化において西洋モデルを遂行していくことにより世界の一体性が確立されることが必要である、という——の欺瞞がはらむ危険をきわだたせている。普遍主義的な人道主義者は、政治的なもの、対立、否定性を克服していくにつれて世界が一つになり、そのおかげで、敵対性は消え去るだろうと考えているようだが、テロリズムはこういった幻想を粉々にするのだ。

リベラル民主主義の普遍性

テロリズムが突きつけてくる挑戦に立ちむかうためには、多元主義の構成的な本性を認識し、かつ、多元主義が世界規模で実現されるための条件を想像することが必要なのはあきらかだ。これは、西洋の民主主義の根深いところで堅持されている確信——西洋の民主主義こそが「最高の体制」であり、自分たちにはこの体制を普遍化し「文明化を推進する」任務がある——との断絶を意味している。これは意外と厄介な課題であるが、なぜなら、民主主義理論の大部分は、リベラル民主主義という、唯一公正で正当なものとして提示される体制、つまりは、理想化された条件においてはすべての合理的な個人によってその制度が選択されるという体制の優越性の証明にささげられてきたからだ。

リベラルな法治的民主主義の道徳的な優越性と普遍妥当性をもっとも洗練されたやりかたで擁護する者の一人としてはユルゲン・ハーバーマスがあげられるが、ここではその著作を、このたぐいの論証形式をあかるみにだす事例として検討を加えてみよう。『事実性と妥当性』以来ハーバーマスが課題としてきたのは、法の支配や人権の擁護と、人民主権として捉えられている民主主義との接合によって特徴づけられる西洋の法治国家の本質をめぐる長期にわたる論争に解決を試みることであった。リベラル派と民主主義者（ないしは共和主義者）はつねに、人権と人民主権のどちらを優先すべきであるかをめぐって争ってきた。ロックにしたがうリベラル派からすれば、人権と法の支配が保障する私的自律が優先されるのはあきらかだが、民主主義者はルソーにならい、民主的な自己立法によって可能となる政治的自律こそ優先されるべきだと主張する。リベラル派が考える正当な政府は個人の自由と人権を保護する政府であるが、民主主義者は、正当性の源泉は人民主権にあると考えている。

　ハーバーマスのような合理主義者にとって、こういった解消されざる競合は容認できないものである。そこで彼は、「法の支配と民主主義のあいだには、歴史的‐偶有的な連関のみならず、概念的もしくは内的な連関も存在していることを証明しよう[†10]」と試みている。ハーバーマスによれば、討議理論の方法を用いれば私的自律と公的自律のあいだに共通の根の存在することを示すことができ、それによって論争にはケリがつく。複雑な議論の詳細へと立ち入ることなくおおざっぱにまとめるなら、以下に要約されるとおりである。

> 「人権」と「国民主権」との内的連関は、自己立法の法的制度化の要請は訴訟を起こすことが可能な主観的行為自由の保障を**同時に**含意するコードを用いることによってのみ充足されうる、という点にある。逆にまた、この主観的権利（およびその「公正な価値」）の平等な配分は、政治的意見形成・意思形成の理性的結論の推定を根拠づける民主的手続きに

よってのみ、充足されうる。こうして、私的自律と公的自律は、一方が他方に優先すると主張してよいものではなく、たがいに他方を前提とする関係にあることになる。[†11]

ハーバーマスは、リベラル民主主義の二つの要素を調停しようとするのであるが、そこで目的となるのは、リベラル民主主義の特権である合理的本性と、そこから導きだされる普遍的妥当性とを確立することである。とするなら、リベラルな法治民主主義が、すぐれて合理的な成果――法の支配および人権を民主主義的な参加と調停すること――であるとして、これが実施されることに「合理的に」異議をとなえるためにはいかなる根拠を土台にしたらよいのだろうか？　いかなる異議もすべて、自動的に、非合理性と道徳的な後進性の徴候ないし不当なものと捉えられるだろう。このことが含意するのは、あきらかに、すべての社会が、人間の共存を組織化する唯一の正当なやりかたであるリベラル民主主義の制度を採用すべきということである。このことをハーバーマスは次のようなかたちで証明するときもある。政治的な正当性の一つの様式という観点から法システムを強調しながら、ふたたび先ほどの共通の根の問題をとりあげ、次のように問うときである。「自由で平等な市民が、実定法の手段をもちいつつ正当なやりかたでその共同生活を調整しようとするとき、相互に承認しあうべきであるのはいかなる基本的な権利であるのか？[†12]」。ハーバーマスの回答はもちろん、道理ある意思形成のためのコミュニケーション的条件を制度化する人権によってのみ正当性は獲得できる、というものだ。

ハーバーマスによれば、人権は「ヤヌスの相貌」［二面性］をもっている。かたや道徳的普遍的な内容という側面、かたや法的権利という形式の側面である。かくしてこれらは、一つの法的秩序において具現化される必要がある。ハーバーマスのいうところでは、「人権は、構造上は、個人の訴訟を起こすことが可能な主体的権利要求の根拠となる実定的で強制的な法秩序に属している。そのかぎりで、人権には、ともかく現存する法秩序の枠組み内で保障される基本権としての地位が必要であり、人権の意味には、すでにそのことがふくまれているのである」[13]。このことによって人権の普遍的な道徳的意味とその実現の局所＝地域的な条件――というのも、これまでその人権が実定的な形式をもちえたのは民主主義国家の国家的法秩序の枠内でのみであったから――のあいだには独特の緊張が生み出されていることを、ハーバーマスは認めている。にもかかわらず、人権のグローバルな規模での制度化はいまや軌道にのっており、コスモポリタンな法システムが世界中で受け入れられるのも時間の問題であると確信されているかのようなのである。

こういった確信を支えるのは、社会的近代性が突きつけてくる具体的な課題に対して、西洋において与えられてきた解答が人権なのである、という信念である。ハーバーマスは、いまとなってはすべての社会が同じ課題に直面しているのであり、だからこそ、それぞれの文化的背景にかかわりなく、西洋的な正当性の基準と人権にもとづく法システムを受け入れることになると論じている。だれにとっても容認しうる正当性の基礎となるのは人権だけであり、その起源がなんであろうと、「人権は今日、選択の余地のないものとしてあらわれている」[†14]と、頑迷なまでに主張するのである。オルタナティヴは文化的レヴェルにではなく社会経済的レヴェルにあるのであり、かくして次のように高らかに宣言されることになる。

アジア社会は、個人主義的な法秩序の成果を利用しないかぎり、資本主義的近代化には参画できない。一方を望んでおきながら他方を拒むのは無理なのである。アジア諸国がおかれた立場からすれば、問題は、個人主義的な法秩序の部分である人権が、はたして自分自身の文化の伝承と齟齬をきたすことがないかどうかという点にはない。むしろ、政治的・社会的統合の伝統的な形式が、経済的近代化という抗いがたき命法に対抗できるのか、それとも適合していかねばならないのかが問われているのだ。[†15]

ここでは、西洋化に代わる道筋は存在しておらず、ウィリアム・ラッシュがこの箇所を注釈しながら指摘するように、「手続きの重要性が強調され「討議原理」の普遍性が主張されるわけだが、ハーバーマスにとって、「アジア社会」やそれ以外の人びとが迫られている選択とは、文化的アイデンティティか経済的な生存か、つまり、文化的絶滅かそれとも物理的絶滅かの二者択一なのである[†16]」。

非西洋社会にとって選択肢がこのようなものしかないのであれば、暴力的な抵抗が勃発するのを目のあたりにしてなにを驚くことがあるだろうか？　いまこそ西洋化という夢から目覚め、西洋モデルの強制的な普遍化は平和と繁栄をもたらすどころか、この過程によって文化と生活様式が破壊された人びとからの血なまぐさい応答を呼び起こすことにしかならないことをはっきり自覚すべきである。それにくわえ、リベラル民主主義が唯一無二の優越性をもつという信念を疑義にさらすべきである。こういった信念こそが、リベラル派が政治的なものを否定するときの根本にあるのであり、世界は、シュミットが観察したように、「普遍的」ではなく「多遍的」であるという認識を徹底的に妨げてしまうのだ。

　ハーバーマスの方法の本質が反政治的であることがはっきりとあらわれるもう一つの特徴がある。ハーバーマスは民主主義を討議理論によって理解するのであるが、これによって、民主主義の意思形成には認識論的な機能がそなわることになり、みずから認めるように、「民主主義的な手続きにとって、政治参加と政治的意思表示は、もはや、みずからを正当化する唯一の根拠ではないばかりか、主要な根拠ですらない。合理的に容認できる結果がもたらされることへの期待を根拠づける構造をもつ審議過程の一般的受容可能性が、正当化する理由となるのである」[†17]。「合理的に容認できる結果」とはなにか？　政治的意思の表示に課せられる制限についてだれが決定をくだすのか？　なにが排除の根拠になりうるのか？　シュミットは、リベラル派が回避しようとするこれらの問いすべてについて、正当にもこう述べている。

こうした決定的な政治的概念の意味は、だれがこれらを解釈し、定義し、使用するか次第で変化する。平和、軍縮、介入、公共の秩序、安全、こういったものがなにを意味するのかを具体的に決定するのはだれなのか。人類の法的ないしは精神的生活のもっとも重要な表現の一つは、真に力を持つ者こそが概念と言葉の内容を決めることができるという事実である。カエサルは文法をも支配するのだ。[†18]

これまでは、リベラルで合理主義的な見解を論証するためにハーバーマスを事例にしてきたが、リベラル民主主義の優越性が合理主義的方法にとっての中心的な信条であるとしたら、ハーバーマスとは異なった理論的志向性をもつリベラル派もまたこの信念を共有していることについても指摘しておくべきだろう。たとえばリチャード・ローティのような、「プラグマティック」な方法をとなえる理論家にもこのような信念がみいだせる。ローティは、リベラル民主主義の優越性を証明すべく「文脈から独立している」議論を追求するハーバーマス的な普遍主義の合理的解釈を拒絶するにもかかわらず、リベラル民主主義が世界規模で実行されることを望む点ではハーバーマスと共謀している。だからといって、彼らの方法のあいだには決定的な違いがあるということは否定すべくもない。ローティは、「普遍的妥当性」と「普遍的到達可能性」を区別するのであるが、彼のみるところでは、リベラル民主主義の普遍性は後者の観点から認識すべきなのである。なぜなら、それは合理性の問題ではなく、説得力と経済成長の問題だからだ。とはいえ、ローティとハーバーマスの意見の相違は、このように、あくまでも普遍的な合意に達するやりかたをめぐるものであり、合意の可能性そのものについては一致して認めている。それにローティは、リベラルな生活様式の優越性には疑念をもってはいないのだ。[†19]

実際のところ、ローティのいう「ポストモダンのブルジョア・リベラリズム」は、リベラル派が政治的なものを敵対的な次元において否認していることのさらなる実例にすぎない。ローティにとって政治とは、平凡で日常的な観点から討議されるものである。政治とはプラグマティックで短期的な改良と妥協の問題であり、民主主義とは基本的には、人びとがおたがいにより「お行儀よくなって」、より寛容なやりかたでふるまうようになることの問題なのである。「われわれリベラル派」のなすべきは、寛容を促進し、苦痛を最小限にして、リベラルな制度にふさわしい人になりなさいと他の人たちを説得することなのである。民主主義政治は、道徳的で対話能力のある「われわれ」の構成員の一人として、より多くの人が数えいれられるようにしていくことなのだ。ローティは、経済成長と正しい「感情教育」のおかげで、リベラル民主主義の制度をめぐる合意が世界規模で確立されうると確信している。

もちろんローティは合理主義者ではないし、主体を社会的構築物とみなす方法には喜んで同調するのであるが、にもかかわらず、社会の対象性［客体性 objectivity］が権力の作用をつうじて構築されていることを認めようとしない。ローティが、言説的な実践のヘゲモニー的な次元を認識できず、権力がアイデンティティの構成のまさしく核にあるという事実についても認識できないのは、こういうわけである。こうした点を認識するならば、当然のことながら、ローティはリベラルな枠組みによって除外されている敵対的次元に直面せざるをえなくなる。ハーバーマスと同様、ローティも、いかなる排除の形態もふくまない合意という見通しや、普遍性の特定の形式での実現の可能性を、手放したくないのである。そのために、ハーバーマスの討議理論の方法と同じく、ローティのプラグマティズムでは、多元的な民主主義政治にふさわしい枠組みを提示できないのである。

---

†1 オーストリアの事例に関する詳細な分析としては次の文献を参照のこと。Chantal Mouffe, 'The End of Politics and the Challenge of Right-Wing Populism', in Francisco Panizza (ed.), *Populism and the Shadow of Democracy*, London, Verso, 2005.

†2 フラームス・ブロックの成功についてのすばらしい解釈としては次の文献がある。'The Sacralisation of Consensus and the Rise of Authoritarian Populism: the Case of the Vlaams Blok', *Studies in Social and Political Thought*, 7, September 2002.

†3 François Flahaut, *Malice*, London, Verso 2003, p. 117.

†4 Carl Schmitt, *The Concept of the Political*, New Brunswick, Rutgers University Press, 1976, p. 54.（カール・シュミット『政治的なものの概念』田中浩・原田武雄訳、未來社、一九七〇年、六三頁）

†5 William Rasch, 'Human Rights as Geopolitics: Carl Schmitt and the Legal Form of American Supremacy', in *Cultural Critique*, 54, Spring 2003, p. 123.

†6 Carl Schmitt, *The Nomos of the Earth in the International Law of the Jus Publicum Europaeum*, New York, Telos Press, 2003, p. 321.（カール・シュミット『大地のノモス：ヨーロッパ公法という国際法における』新田邦夫訳、福村出版、一九七六年、四六九頁）

†7 Carl Schmitt, *Theorie du partisan*, Paris, Calmann-Lévy, 1972, p. 310. German edition: *Theorie des Partisanen*, Berlin, Duncker & Humblot, 1963.（カール・シュミット『パルチザンの理論』新田邦夫訳、ちくま学芸文庫、一九九五年、一九五頁）

†8 Jean-François Kervégan, 'Ami ou ennemi?', in *La Guerre des dieux*, special issue of *Le Nouvel Observateur*, January 2002.

†9 Richard Falk and Andrew Strauss, 'The Deeper Challenges of Global Terrorism: a Democritizing Response', in Daniele Archibugi (ed.), *Debating Cosmopolitics*, London, Verso, 2003, p. 206.

†10 Jürgen Habermas, *Between Facts and Norms*, Cambridge, MA, MIT Press, 1998, p. 449.（ユルゲン・ハーバーマス『事実性と妥当性：法と民主的法治国家の討議理論にかんする研究』下、河上倫逸・耳野健二訳、未來社、二〇〇三年、三〇二頁）

†11 *Ibid.*, p. 455.（同書、三〇八頁、強調同書）

†12 Jürgen Habermas, *The Postnational Constellation*, Cambridge, Polity, 2001, p. 116.

†13 Jürgen Habermas, *The Inclusion of the Other*, Cambridge, MA, MIT Press, 1998, p. 192.（ユルゲン・ハーバーマス『他者の受容』高野昌行訳、法政大学出版局、二〇〇四年、二二〇頁）

†14 Habermas, *The Postnational Constellation*, p. 121.

†15 *Ibid.*, p. 124.

†16 William Rasch, 'Human Rights', p. 142.

†17 Habermas, *The Postnational Constellation*, p. 110.

†18 Carl Schmitt, 'Völkerrechtliche Formen des modernen Imperialismus', in *Positionen und Begriffe*, Berlin, Duncker & Humbolt, 1988, p. 202.

†19 Richard Rorty, *Objectivity, Relativism and Truth*, Cambridge, Cambridge University Press, 1991, part III を参照のこと。

第Ⅴ章

どの世界秩序を目指すべきか
――コスモポリタンな秩序か多極的秩序か？

Five
Which World Order: Cosmopolitan or Multipolar?

差異をはらんだ複数の選挙民の民主的な要求に応じていくのに最適とされる世界秩序を検討するなら、そこでもやはり政治的なものの敵対的な次元が回避されていることがわかる。これが、現代の苦境への解決策として、さまざまな形で提示されているコスモポリタン的方法の主要な欠点の一つなのである。もっとも望ましい世界秩序とはどのようなものかをめぐる最近の議論には多くのことが賭けられているのであり、それゆえに、二極的な世界の終焉にともなって、コスモポリタンな世界秩序を確立するための好機がやってきたのだと主張する者たちの議論を注意深く検討する必要がある。このような動向に迎合している理論家たちは次のように主張する。共産主義という敵の消滅にともない、敵対性はもはや過去のことになった。グローバリゼーションの時代においては、カントが精緻化した理念であるコスモポリタニズムがやっと実現可能になったのだ、と。

このところ、冷戦後に生じた「新世界秩序」確立についての楽観主義に冷水を浴びせるような諸々の出来事が起きているにもかかわらず、コスモポリタンな見解はいまだ流行中であり、影響力をもっている。しかしながらこの章では、こうした見解に異議を唱えたい。コスモポリタン主義者がいだく未来の夢が、これまで「ポスト政治的」立場の諸側面を検討したとき浮上してきた「政治的なもの」の否定を共有している、ということを示したいのである。コスモポリタン主義者たちに対抗して、世界の根本的な本性が多元的であることを認識すべきであり、ここでは多極的な世界秩序の構築という立場に立って議論するつもりである。

新しいコスモポリタニズムの提唱者は、リベラル民主主義の卓越性についてリベラル派がいだく信念――この欠点についてはすでに論じた――を共有しており、リベラル民主主義の諸原則を国際的な諸関係の領域へと拡張することをもくろんでいる。彼らはおもに、国連の改革と国際的な法制度の強化を唱えるのだが、それは、法の力への優位性や権力の行使を保障することを目的としている。しかしながらこれは一枚岩の潮流ではない。たしかに彼らは国家主権の制約を乗り越える必要性や、「権力政治《パワーポリティクス》を乗り越える」新しい政体――リベラルな諸原則と人権の尊重により制御される――の可能性について基本的な信条を共有しているのだが、そのあいだには顕著な違いもいくつかある。おおざっぱにいうなら、ネオリベラルな見解と、より民主的な見解を区別することができるだろう。ネオリベラルな見解を唱導する者のほとんどは、アメリカについて理想化した見方を擁護している。アメリカの政治を駆り立てるものは国益ではなく、リベラリズムの価値観――自由貿易とリベラル民主主義――を普及促進することにあるという見方である。これにともないグローバリゼーションは、資本主義の恩恵と利点を世界に広めるものとして賞賛される。アメリカ合衆国の「恵み深い」リーダーシップとＩＭＦやＷＴＯのような国際機関の支援のもとで、惑星の統合と公正なグローバル秩序の実現へと大いなる歩を進めている、こう彼らは信じ込ませたがっているのである。この資本主義的ユートピアの歩みを、国民国家は主権といった古くさい観念を携えて妨害しているわけだが、グローバリゼーションの進展のおかげで最終的にこれらは乗り越えられるだろう、というのである。

ネオリベラルのヘゲモニーの無批判的な称賛については長々と検討しても意味はない。これがイデオロギー的バイアスであるのはあきらかであるし、政治に対していかなる余地も与えていない。すべては経済領域と、市場の主権に従属するのだ。これよりも民主主義的なコスモポリタニズムのほうが興味深い。なぜならそれはグローバリゼーションについて、ただ自己調節的な経済的過程とのみ見なすこともないし、政治の役割もネオリベラル派以上に重視するからである。これを唱導する者のあいだにはさまざまな立場が存在するが、その違いは、ナディア・ウルビナティが示唆するように[†1]、市民社会と政治の関係をどのようなものと考えるかに起因している。彼女はたとえば、リチャード・フォークのように、市民社会を民主主義の主要な場として特権化する者と、デイヴィッド・ヘルドやダニエル・アーチブギのように、政治的な領域とシティズンシップの行使を重視し、これらがコスモポリタンなものになるためには国民国家の枠組みを乗り越えていく必要があると考える者を区別する。ウルビナティによれば、市民社会を重視する方法は「政治を反強制的なものとするリベラル派の観点を共有しており、さらに民主主義を、意思決定の政治過程としてではなく、むしろ連合、参加、動員などの市民的文化として解釈している[†2]」。逆に政治を重視する方法は、市民社会と政治的領域のあいだに諸々の関係性を設立していくことの重要性を強調する。「それは、社会運動と非政府組織をグローバル民主主義の根本的な構成要素とみなすが、それに加えて、決定とコントロールのための制度化された手続きを欠いた場合は、ともども排除的で位階秩序的なものになりうると考えている[†3]」。このことゆえに彼らは、自己統治的な市民社会だけでは不十分であり、平等を保障し、社会的諸利害が正義を犠牲にしてみずからを貫徹させようとするのを妨げるべく法的で制度的な枠組みが必要である、と主張するのである。

まずは市民社会を重視する方法をみてみよう。リチャード・フォークは、アンドリュー・ストラウスと一緒に書いた最近の論文で、「民主主義的な超国家主義《トランスナショナリズム》」というヴィジョンを提示している。これは人間の安全保障を国際的な規模で実現することを目指すものである。すなわち「政治的対立を、（国家や市場ではなく）市民／社会を中心とする開放的で超国家的な政治過程――公平性、人権への配慮、法の支配、代議制的な共同参加に支えられた過程――を通じて解決していくことを志向する」方法である。[†4] このような民主主義的な超国家主義の核を構成するのは、世界中の人びとに、グローバルな制度として保障された発言権を与えるグローバル議会（GPA）である。[†5] フォークとストラウスによれば、このような議会の使命は――その権力は、つねに世界人権宣言にしたがって行使されなければならない――グローバルな政策を民主化すること、それもただ形式的に整備するだけでなく実行に移すことである。彼らがいうには、現在の市民政治の国際化に適合した国際的な枠組みが必要なのだが、このGPAは、国際的なシステムに対して説明責任《アカウンタビリティ》を果たす民主的形式のはじまりとなるだろう。論文の筆者たちはまた、このようなGPAが、人権という規範を遵守するよう促す役割を果たすと考えている。たしかに、国際的なシステムが承認している法の多くを実施する信頼できる機構が欠如している現状においても、ＧＰＡは諸国家に対し、かりに人権が蹂躙されるなら、それを表沙汰にして道徳上の圧力を加えることができるだろう。

　二〇〇一年九月一一日以来、フォークとストラウスはみずからの提言をくり返し、ＧＰＡの創設が、国家安全保障を重視する国家中心的対応へのオルタナティヴを意味するのだと主張している。先の章でみたように、彼らはテロリズムの増加が、政治の超国家化に付随する暗部であると考えている。テロリズムの怨嗟の対象と構成員、標的はすべて超国家的である。それゆえに国家を中心とする構造は、テロに向かう誘惑を亢進させる欲求不満の諸形態に対処するものとしては適切でない。解決策は、彼らのみるところでは、高まりつつある政治の国際化を民主主義的に枠づけることのできる制度的構造を確立することにある。こうすることで「諸々の個人と集団は、世界のより民主主義的な社会の流儀に慣れていくうちに、みずからの欲求不満を、議会上の意思決定に参加しそこで影響力を行使しようとする努力へと回路づけていくことができる[†6]」。

　私はテロリズムについて、邪悪で病的な少数の個人に発するものと捉えるのではなく、より広範な地政学的条件に位置づけなければならないとする見解に同意する。しかし彼らの解決策は徹頭徹尾適切さを欠いている。民主主義的な超国家主義のおもな欠点は、伝統的なリベラリズムと同様に、国家を主要な問題として捉え、解決策を市民社会の側にあると信じていることにある。フォークとストラウスはこう述べている。

ＧＰＡの基本的な前提条件が創出されるのは、市民政治が、国家が中心的アクターであるような国際システムの自律性に対してますます挑戦していくことによってであるように思われる。近年の、もっとも意義深く、それでいてあまり認識されていない展開の一つとしては次のことがあげられるだろう。グローバルな政治システムにおいて、唯一正当なアクターとして国家は長らく独占的地位を有してきたわけだが、いまや、市民の自発的組織と企業エリート、金融エリートのどちらもが、国家を補完し、のみならず侵食もしている並行的な仕組みの形成に参加していることである。諸々の個人や集団、および多数の超国家的な連合体《アソシエーション》は、領域国家の制約内で生まれ、のみならずこれに挑戦している。これらは「下からのグローバリゼーション」を促進しており、さらに、萌芽的な「グローバル市民社会」とみなされているものへと合流しはじめている。他方で、企業エリートと金融エリートは、経済的なグローバリゼーションを広範囲で促進しており、自分たちにとって好ましいグローバルな政策による主導性を高めていくためのさまざまな仕組みを立ち上げている。すなわち、「上からのグローバリゼーション」として記述される過程である。[†7]

筆者たちによれば、市民、利益集団、企業エリートと金融エリートは、国家に挑戦していくにあたって利害を共有していることを認識しはじめている。国家は、国際的な舞台において彼らの代表者としてふるまうのをやめるべきなのだ。彼らの確信するところでは、世界のビジネス界を牽引する面々――毎年一月、ダボスで開催される経済サミットに参加する面々――の多くが、みずからの長期的な利害について進歩的な感覚をもち、国際システムを民主化すべきという考えに共感する者なのである。グローバル市民社会とビジネス界の組織化されたネットワークは、彼らの民主化プロジェクトを、たとえ不承不承であっても政府に受け入れさせることができるだろう。その目的は、グローバルに制度化された民主主義的構造を設立するために、下からのグローバリゼーションと上からのグローバリゼーションを統合することにある。それによって世界中の人びとが国家の制約を乗り越え、グローバルな統治体制のなかで意味のある発言をおこなうことが可能になり、かくして平和な世界秩序の確立に向かうだろう。「再帰的近代」の理論家と同様、彼らは民主主義の進展を、特殊利益のあいだの対話をモデルにして認識している。この対話により、合意にもとづく「国際的共同体」が確立されるというモデルである。

市民社会の力と超国籍企業のあいだで可能な連携にかんする同様の考え方がベックの著作――政治の対抗的な形態の終焉にかんする彼の見解は第Ⅲ章で議論した――にみいだせるが、これは驚くほどのことではない。コスモポリタンな立場を支持する論考で、彼は未来をこう認識する。

短期的にみるなら、保護貿易主義者の力が勝利するだろう。ナショナリスト、反資本主義者、環境保護論者、ナショナル・デモクラシーの擁護者、さらには排外主義集団や宗教的原理主義者たちからなる混成勢力の勝利である。しかしながら長期的にみるなら、グローバリゼーションの「負け組」とみなされる者たち（労働組合、環境保護論者、民主主義者）と「勝ち組」（大企業、金融市場、世界貿易組織、世界銀行）とのあいだでの大いに矛盾をはらんだ連合が、政治的なものを再生させることになろう――双方が、自分たちの特殊利益はコスモポリタンなルールにしたがうことで獲得されることを自覚するなら。[†8]

「コスモポリタン企業」と「コスモポリタン資本主義」の出現を賞賛しつつ、ベックは、政治を国家へと固着させることを批判し、権力と政治にかんする国家中心の概念構成は「死に体の範疇」であると宣告する。コスモポリタンな社会科学の使命は、このような時代遅れのモデルの誤りを指摘し、「脱領域的で」「脱国民的な」国家の観念を広めることである。未来は国家単位への分割の欠落という原則に基礎をおく「コスモポリタン」国家にある。「コスモポリタン主権」を授けられた国家は、真の多様性を保障し、基本的人権を確立するだろう。ベックはヨーロッパを、このようなコスモポリタン国家として例示し、このモデルが世界の他の部分へ広がらないわけがないと言い添える。彼によれば、グローバルでコスモポリタンな変容を促す圧力となるのはまさに資本主義の発展にほかならない。ベックは問いかけという形ではあるものの次のように示唆している。「資本主義は、民主主義のコスモポリタン的再生の要因となりうるだろうか?」[†9]。彼の答えはとりたてて明敏でなくてもわかるはずだ!

コスモポリティカル民主主義

コスモポリタニズムのうち政治重視の立場は、民主主義がたんに市民社会だけでなく、政治的な領域でも実行されることを強調している。この種差性をあきらかにすべく、ダニエル・アーチブギは近年、みずからの方法を「コスモポリタン」と呼ぶ代わりに、「コスモポリティカル」と呼んでいる。この方法は、デイヴィッド・ヘルドと一九九五年に編集した『コスモポリタン民主主義――新世界秩序のための提言』以来、アーチブギがヘルドとともに厳密化に努めているものである。アーチブギは自分たちの企図をこう定義している。

コスモポリティカル民主主義は、諸々の重要な目的――武力行使の統制、人権の尊重、自己決定など――の達成が、民主主義の拡張と進展を通じて以外ありえないという想定に根拠をおく。これはたんにグローバルな責任を要請するだけでなく、さらに民主主義の原則を国際的な規模で適用していくことを試みる。この点で、コスモポリタニズムのための一般的な方法と異なる。環境保護、移民規制、天然資源の使用といった問題を、必要とされる民主主義的コントロールにしたがわせていくためには、民主主義は単一国家の制限を超えなければならず、グローバルなレヴェルでみずからを主張しなければならない。[†10]

コスモポリティカルな立場からすると、現在、唯一妥当な政府の形態が民主主義的なものであることについては世界規模で認められており、それゆえに、民主主義の原則とルールが単一の政治的共同体の境界内にとどまるべきであるということの理由はない。このことが新しいグローバルな諸制度の確立を要請するのである。彼らにしてみれば、民主主義国家が集まれば民主主義が自動的に世界大に拡がっていくと捉えるのは誤りであって、グローバル民主主義が国家内の民主主義から直接派生するとは考えられない。それには、特別の手続きと制度の創設が必要となり、それによって既存の手続きや制度にもう一つべつのレヴェルの政治的代表が付け加わることになるのである。そこで問題となるのは、国家のレヴェルで捉えられる民主主義のモデルを世界的な規模へとただ置き直すことではない。このモデルをグローバルに適用していくためには、多くの面で再定式化されることを要するのである。アーチブギは国民国家の終焉を宣明することなく、グローバルなレヴェルにおける代表制は、すでに構成されている国家と共存可能であり、だから国家の政治的ないしは行政的な機能のいくつかは保持されるのだと主張している。その力説するところによれば、「コスモポリタン民主主義は、多くの世界連邦プロジェクトにより触発されたが、しかしながらこれらと違って、人間にかかわる事象の管理運営を惑星レヴェルにまで引き上げるという目標を、現存する諸国家を代替することによってではなく、むしろ既存の制度にこれまで以上の権力を与えたり、新たな制度を確立したりすることによって達成しようとするのである」[†11]。アーチブギは、グローバル市民の普遍的な権利から導出される新しい民主主義の形態を想像すべきときが来たと宣言し、ナショナルな民主主義からグローバルな民主主義への展開は、十八世紀の、直接民主主義から代議制民主主義への移行を可能にした構想上の革命と比すべき事態である、と述べている。

このような革命は、諸個人が自分自身の国の状況からの拘束を受けることなくグローバルな事柄に影響をおよぼすことを可能にする国際的な制度を確立することのうちにある。あらゆる個人の要求には、国民的な出自や階級やジェンダーとかかわりなく、世界的レヴェルで直接的に代表する形態が与えられるべきである、というのである。これは魅力的な展望であると思われるかもしれない。しかしながら、いかにしてこれは可能になるのか？　デイヴィッド・ヘルドは短期目標と長期目標を区別しながら示唆を与えてくれている。さしあたり、以下の措置が実行されねばならない[†12]。国連安全保障理事会は、代表的機能を実効的たらしめるべく改革される必要がある。さらに地域単位の政府とともに国連第二院が創設されるべきである。また、市民、政治、経済、社会にかかわる一連の主要な権利を守らせるために国際司法裁判所の影響力を拡張し、新たに国際人権裁判所が設立されるべきである。そして、実効性があり説明責任をもつ国際的な軍隊を、これらの権利を恒常的に蹂躙している諸国家に対し介入可能なものとして確立すべきである。長期的にヘルドが展望するのは、環境、健康、食生活、経済、戦争など、すべての重大な世界的争点について決定する権限をそなえた、民主主義国家や機関からなる権威ある議会の形成による、グローバルな民主主義的統治へのより根源的な移行である。紛争解決の手段としての戦争システムを乗り越えるべく、国民国家の強制的な軍事力の大部分がグローバルな制度へと継続的に転換していくべきなのである。

ヘルドのコスモポリタンな枠組みにはもう一つ重要な側面があって、それは民主主義的権利と義務を、国内法と国際法の両方で定着させていくことである。そこで目的とされるのは、「政治的活動が共有する構造の基礎を、民主主義的な公法の諸要素を構成するものとして創出すること」[†13]である。しかしながらこの民主主義的な法は、グローバリゼーションという状況のなかで効果を発揮するためには国際化されなければならず、コスモポリタンな民主主義的法へと変容することが必要となる。あらゆる民主主義者の目標は、コスモポリタン共同体――政治的活動のための超国家的な組織体、つまりあらゆる民主主義的共同体の共同体――の設立であるべきだとヘルドは主張する。そしてこのような超国家的な共同体が国民国家におよぼす帰結を論じながら、国民国家は「退場する」ことになろう、と宣告するのである。とはいえ、国民国家が余計なものになるということではない。それは次のようなことを意味している。

国家はもはや、国境内で正当とされる権力を備えた唯一の中心ではないし、そのようなものとみなすこともできない。すでにさまざまな状況で、実際にそうなりつつある。諸国家は、みずからを包括する民主主義的法と節合され、その法のうちに再配置される必要がある。このような枠組みのなかでは、国民国家の法とルールは、法の発展と政治的反省、および政治的動員にとって一つの焦点にすぎなくなるだろう。なぜならこの枠組みは、主権的権威の意味と限界を再規定し、さらに再構成するだろうからである。個々の権力の中心と権威のシステムが正当であるといえるのは、それらが民主主義的法を是認し制定するときだけなのである。†14

民主主義的なコスモポリタニズムをさまざまに唱導する者たちの立派な意図を否定するつもりはない。しかし残念なことに、コスモポリティカルな方法に民主化を推進する威力がどれほどあるかについては、多くの理由から懐疑的にならざるをえない。さしあたり、ダニーロ・ゾーロが説得的に論じたように、†15 構成員のあいだで権力がかくも不均等に配分されているのに、国連を強化し、かつより民主的なものにすべく国連を改革することが可能であるとする想定は、完全に非現実的である。それゆえに、コスモポリタン主義者たちによる中心的な提言は、実行不可能なことがあきらかになる。しかしながらさらに、国民国家を超えて権利の概念を拡張しようとする試みの帰結についてもまた注意する必要がある。これらの新しい諸権利をその権利の主体にとって実現可能なものとする機構を欠いているならば、コスモポリタンな権利は虚構でしかない、と指摘するとき[†16]、デイヴィッド・チャンドラーはまったく正しい。グローバル市民が、リベラル民主主義の代表制的な枠組みの外側にあるグローバル市民社会を通じてのみ代表されうるのだとすれば、このような権利は権利の主体による統御の外に位置するのであり、必然的に、市民社会の制度を運用する側の支援次第だということになる。このような主体不在の権利には、市民社会の制度が「グローバルな関心事」という名目を掲げて国民主権に挑む場合、自己統治にかかわる既存の民主的権利を侵食すべく活用されかねない危険がつきものである。

ハーバーマスの人権概念については第Ⅳ章で論じたが、それと同じくコスモポリティカルな方法は、人権について、正当化機能を強調するため、これが民主的に行使されるやりかたについては議論が不十分である。グローバル市民をコスモポリタンなやりかたで構築しようとすることは、政治に対し道徳を優越させる試みの一つでしかない、というチャンドラーに私は同意する。チャンドラーはこう述べている。

> この観点からすれば、コスモポリタニズムの理論家は、投票箱に依拠する代議制民主主義に対し擁護する権利《アドヴォカシー・ライト》を優越させる広範な政治的趨勢を反映している。政治的活動はますます伝統的政党を経由することなくおこなわれ、票を獲得するのではなく、みずからの要求のためのロビー活動や広報活動に入れあげる権利擁護団体やシングル・イシューの運動

の支配する領域となりつつある。[†17]

かくして、コスモポリタンな市民の新しい権利はキメラなのであって、道徳的な主張ではあっても、行使可能な民主主義的権利ではないのである。

しかしながらさらに深刻な問題がある。コスモポリタンな方法は、これらの虚構でしかない新しい権利と引き換えに、主権にそなわる諸々の古い権利を犠牲にするという問題である。コスモポリタンな法を擁護するために、主権を侵害する国際機関の権利を正当化することによって、コスモポリタンな方法は多くの国々の市民にとっての民主的な自己統治の権利を否定するのである。チャンドラーはこう指摘する。「コスモポリタンな調整は事実上、主権の不平等という概念に足場をおいている。つまり、国際法の確立と裁決にすべての国家が平等に参加する必要はない、ということである。正義と権利保障の新たなコスモポリタン的形式であるが、皮肉なことにそこでは法形成と法執行は、ますます不公平で、露骨に西洋中心主義的視点から正当化されるのである[†18]」。

ヘルドがコスモポリタン的共同体を「すべての民主主義国家」の共同体として提示するやりかたを思いだそう。国家が民主主義的であるか否かを、誰がいかなる基準にしたがって決定するのだろうか？　民主主義についての西洋的な概念がここで活用されるであろうことは疑う余地がない。ヘルドからすればこれのどこに問題があるのか、ということになろう。民主主義的な法を施行するやりかたについて検討しつつ、彼はこう主張する。「一義的には、コスモポリタンな民主主義の法は、必要な政治判断を下し、政治の実践と制度が新たな地域的・地球的状況でいかに変化するかを学ぶことのできる民主国家や市民社会によって、広められ守られるだろう」[†19]。

近著[†20]でヘルドは、みずから提唱するコスモポリタン的秩序の特性についてさらに精緻に述べている。アメリカが描くネオリベラル型の経済プロジェクトを原動力とする現行のグローバリゼーションに代わる社会民主主義的なオルタナティヴを提示したいのだ、とヘルドは力説する。ヘルドによれば、重要なことは、コスモポリタンな価値と基準によって支えられる新たな国際主義の確立である。コスモポリタニズムは、誰であれ侵害してはならない一連の基本的な価値と基準を提唱するものであり、さらに、国民国家の権力と拘束を超えたところでなされる政治的規制と法作成の諸形式を必要とするものである。彼のいうには、このようなコスモポリタニズムは、「自由主義的な多国間秩序に、とりわけ、普遍的基準と人権や民主的価値に依拠した道徳的・政治的見通しであり、万人の行動の一般的指針でもあると受け止めることができる」[†21]。その原則とは以下のとおりである。平等な価値と尊厳、活動的な担い手、個人的な責任と説明責任、合意、公共的な問題にかんする投票手続きを介した集合的な意思決定、包摂性と補完性、決定的な危害の回避と持続可能性。これらは一体となり、グローバルな社会民主主義を導く倫理的な基礎を構成するのである。

ヘルドの企図はたしかに、現行のネオリベラル的秩序に対する進歩的なオルタナティヴを提示している。しかしながら、これまでみてきたすべての理由をもってしても、コスモポリタン的枠組みは、たとえそれが社会民主主義的な観点から構成された場合であれ、グローバル市民が自己統治をおこなう可能性を高めることはないだろう。それがいかなる装いをまとったところで、コスモポリタン的秩序の形成は実際のところリベラル民主主義という単一のモデルを世界全体に押しつけることにいたりつくように思われる。実際のところ、それが意味するのは、このモデルこそが人権と普遍的価値を確立するためにふさわしいものなのだ、とうそぶきながら、より多くの人びとを西洋のコントロール下へと置くことでしかない。そして論じてきたように、これは強力な抵抗を呼び覚まし、さらに危険な敵対性をつくりだすことになるだろう。

民主主義とグローバルな統治

コスモポリタンな立場のもつポスト政治的性格は、その中心的な概念の一つである「統治《ガヴァナンス》」を検討するとあきらかになる。[†22]ナディア・ウルビナティは、「政府《ガヴァメント》」と「統治」の違いを吟味しながらこう述べている。

統治には種々の特定の問題を解決するにあたって適切とされる「機構」や「組織」、あるいは「調和した諸活動」といった明示的な含意がある。統治は政府と異なり、「政治」ではなくむしろ「政策」と関連している。なぜなら統治とは拘束力のある意思決定組織ではないからだ。その受益者は、集合的な政治主体としての「民衆《ピープル》」ではなく、環境や移民、あるいは天然資源の使用といったグローバルな争点の影響を被りうる「人口」である。[†23]

グローバルな統治についての議論からは、コスモポリタン主義者たちがそのモデルにおいてなにをもって活動的な行為者と考えているのかという点について多くのことがみえてくる。グローバルな統治における中心的な争点は、それぞれに専門的な能力をそなえたさまざまな連合体《アソシエーション》と利益集団が、特定の争点に介入し、みずからの提案を対抗的でないやりかたで押し通そうとするところに生じる交渉である。これは技術的な問題を解決するという意味での政治である。すなわち市民がみずからの民主主義的権利を、たがいに対立する諸々のヘゲモニー的企図をめぐる「闘技的な」対決のために行使し、活動的に参加するという意味での政治ではない。もちろんこれらの連合体のなかには、たんに利害によってではなく倫理的な関心により動機づけられるものもあるが、しかしながらその方法は政治的ではない。それらの目的は、妥協か理性的な合意に達することであって、支配的なヘゲモニーに対する挑戦ではないのである。このような立場はあきらかに、リベラル派による政治の理解と合致するものであり、また、第三の道に特有の、合意についての用語系と完全なまでに一致する。しかし、もしかりにこのようなグローバルな統治の形態を民主主義的なものと考えることができるとしたら、はたしてそれはいかなる意味においてなのだろうか。

ロバート・ダールは、はっきりとそれは無理だと答え、さらにコスモポリタンの唱導者が国際的諸機関を、ポリスからコスモスにいたる民主主義的理念の長征におけるさらなる前進とみなし賞賛するのを批判している。ダールにしてみれば、このような民主主義の捉え方は、たとえ民主主義的な政府が下したものであったとしても、すべての決定には利得のみならず損失もつきものなのだから特定の人びとにとっては不利なものである、という事実に目をつむるものなのである。「利益と不利益の差引勘定がみなにとって等価なら、集合的な決定にかかわる判断は、個人的な決定における判断とほとんど等価だろう。しかしながら差引勘定は、すべての者にとって同じではない」[†24]。それゆえに、損失と便益は不均等に分配されるのであり、そこで主として問われるのは、だれが、いかなる基準にしたがって決定するかなのである。かくしてこれらの決定が異議申し立てへと開かれていることが重要となる。かりにこのことが、国家的なレヴェルですでに困難であるとしたら、国際的な民衆《デモス》という仮説的ケースを考えるとき、なおさら無理難題になるだろう。なぜならそこでは、大規模な差異――人口の規模、およびさまざまな国家の力における差異――が存在するからだ。

ダールはこう主張する。かりに民主主義が、政府の政策と決定を人びとが統御するためのシステムであるとするなら、国際的な意思決定は民主的にはなりえないと結論せざるをえない、と。もちろんこのことは、国際機関を望ましからざるものとみて、その有効性を否定することを意味しているわけではない。しかしそうだとしても「国際機関により大きな正当性を付与するために民主主義のマントを着せても意味がない」[†25]とダールはいう。ダールの提案はこれらの機関を「官僚的な交渉システム」として扱うべしというものだ。これらの機関は必要不可欠であろうが、国家の主要な権力をこれらに委譲すると決定がなされるさいには、これらの機関が民主主義にもたらす損害を直視し、考慮にいれるべきである、というのである。

メアリー・カルドーもやはり、民主主義的な手続きをグローバルなレヴェルで再構成することができるという考えについて懐疑的である。しかしながら彼女は、ダールと違ってコスモポリタン的企図を支持し、巧妙な解決策を提案している。グローバル市民社会を民主主義と機能的に等価とみなすことによる解決策である。[†26]カルドーによれば、議会制民主主義における中心的な争点は、つねに討議に関連しており、必ずしも代表をめぐるものではなかったということが認められるならば、グローバルな代議制民主主義の確立につきまとう諸々の困難は無視してもかまわない。生活のさまざまな局面において人びとに影響をおよぼす一連の争点を討議する場所が提供されるならば、グローバル市民社会への参加は代議制に取って代わることができる、というのである。「グローバル市民社会」という問題ぶくみの観念については触れないでおくにしても、それでもこのような考え方には深刻な困難がつきまとう。さしあたりいえるのは、決定の契機とその決定を施行するための機構とを欠くなら、ただの討議はまったく意味をなさないということだ。このことに加え、さらに権利擁護団体に特権が与えられていることもあわせて考えてみるならば、彼女の提言は実際のところ、民主主義の観念をグローバリゼーションの時代に適合させるという名のもとに、そこから一つの重大な次元を剥奪してしまっていることはあきらかだ。たしかにカルドーは、市民社会についてのきわめて活動的な捉え方の側に立っており、また、権力を再配分する必要があることを強調している。彼女の見地は、いくつかの点ではかなりラディカルなのだが、しかしながら、合意型の方法に与しているのはあきらかだ。彼女によれば市民社会は、「社会的な交渉」としての政治によって形成される合意にもとづく統治の拠点である。カルドーは、「本当に自由な会話、つまり理性的で批判的な対話」の可能性を信じており、また「政策立案者たちはヘーゲルのいう普遍的な階級として、アクセス、公開性そして議論によって、人類という共同体の諸利益のために行為するようになる」[†27]と確信しているのである。

以上からあきらかなように、コスモポリタニズムのさまざまな形態における中心的な問題は、それらすべてが、たとえ見かけは多様であっても、政治的なもの、対立、および否定性を超えた合意型の統治形態を前提していることにある。それゆえに、コスモポリタン的な企図は、政治にそなわるヘゲモニーの次元を否定することになるのである。事実、コスモポリタンの理論家のなかには、「ヘゲモニーを超えた」政治を志向することが目標であると断言している人びともいる。このような方法は、権力諸関係が社会的なものを構成するがゆえに、あらゆる秩序は**必然的に**ヘゲモニー的秩序であるという事実を見逃してしまっている。等しい権利と義務をもつコスモポリタンな市民からなるコスモポリタン的民主主義が可能であると信じること、その市民である構成員が「人類《ヒューマニティ》」と一致するはずだと信じること、これらは危険な幻想でしかない。かりにこの企図が実現されたとしても、みずからの世界観を惑星の全域に押しつけ、また、みずからの利益を人類の利益と同一視しながら、あらゆる不同意を「理性的な」リーダーシップに対する不正な挑戦とみなす支配的権力による世界大のヘゲモニー状態を意味するだけだろう。

マルチチュードの絶対的民主主義？

コスモポリティカルの方法ではグローバリゼーションの時代が要請する政治的展望を提示できないのだとしたら、マイケル・ハートとアントニオ・ネグリが『〈帝国〉』[+28]——「二十一世紀の共産党宣言」と賞賛された著作——で示したヴィジョンはどうだろうか。一部の人たちは、同書が、左派が長らく待ち望んでいた解決策だと信じているようだ。しかしながら、これから示してみたいのだが、よくよく検討するならば『〈帝国〉』とリベラル派のコスモポリタニズムのあいだにはなぜか一致がみいだせる。双方に欠落しているのはまさしく政治的なものに固有の次元である。すなわち、権力は克服しうるとされ、敵対性の構成的性格は否定され、さらに、主権をめぐる重要な問いはしりぞけられるのである。事実上『〈帝国〉』は、コスモポリタンの立場を急進左翼的にしたものでしかない。それは私たちを力づけてくれるどころか、むしろ、現在における政治的な思考と行動の無力を強めることにしかならないのである。

ここでは、同書のすべての側面にわたって論じる余裕はない。なるほど、その広範にわたる文献渉猟や多岐にわたる論題は多くの読者を惹きつけたわけであるが、さまざまな批評家があきらかにしたように、それらの背後にある基本的主張は綿密な吟味に堪えることができない。主要な議論のうちでも揺るぎなく維持できるのはごくわずかなのである。非物質的労働にかんする理論的分析だけでなく、国民国家の役割、グローバル資本の均質化作用、「マルチチュード」の革命的な本性などについても分析は徹底的な批判にさらされてきただけではない[†29]。帝国主義の終焉と、中心のない新しい主権形態の出現なる同書の中心的見解までもが、二〇〇一年九月一一日のテロリストによる攻撃のあとに合衆国が遂行した戦争によって、まったくもって華々しく打ち砕かれたのである。驚くことに、二〇〇四年に刊行された『マルチチュード——〈帝国〉時代の戦争と民主主義』[†30]においても、「帝国主義的な権力の中心はもはや存在しない[†31]」という主張は問い返されていない。たしかに巻頭の部分は新しい戦争の性格の検討に割かれており、そこでの合衆国が果たす枢要な役割は認識されている。しかしながらそれは帝国主義的権力とは捉えられないのである。それは彼らのいうところの、脱中心化されたネットワークとしての帝国が一極へと集中しただけのことなのだ。これらに違いがあるとすれば、せいぜいのところ、以前の著作では、帝国が実際に現存すると強調したのに対し、今回は、近年のさまざまな過程にあらわれた一つの**傾向**を指し示すだけだと述べる程度のことでしかない。

このような弱点だらけの著作が成功したことをどう説明したらよいのか？　私たちが生きるポスト政治の時代、つまりネオリベラリズム的なグローバリゼーションが唯一の地平とみなされる時代においては、救済者的なレトリックに充ちた『〈帝国〉』という著作が、「マルチチュード」に新しい革命的主体をみいだしたいと切望する多くの人びとの想像力をかきたてたとしても、それは驚くべきことではない。同書は予見的なものであるため、資本主義の成功が完全無欠のようにみえるためにいかなるオルタナティヴの展望も不可能であるかのように思える時代に希望をもたらしてくれる。問題であるのはもちろん、『〈帝国〉』が、現行のネオリベラルのヘゲモニーに対するオルタナティヴの構想にむかわず、むしろそれとは真逆の効果をもたらすことにしかならないことだ。すでに論じたように、政治的なものの本性を的確に理解し、ネオリベラルの秩序に対して効果的なヘゲモニー闘争をおこなうための諸条件を捉えることがいま必要とされるのだとして、同書に、このような企図に役立つ理論的道具がみいだせないのは確実である。そこにあるのは、ポスト民主主義的時代の常識を規定するポスト政治的立場の別ヴァージョンでしかない。たしかにこの場合、それは洗練された哲学用語で語られた「ラディカルな」解釈ではある。だからそれは「旧来の」カテゴリーを放棄し、政治的なものを「再考する」時代が到来したと主張する人びとを惹きつけるわけである。

しかしながら、ドゥルーズ的な用語や革命的なレトリックにもかかわらず、ハートとネグリの見解と、「政治の再考」の必要性を唱える第三の道の理論家やコスモポリタンなリベラル派とのあいだには、不可解なことに多くの類似が存在する。たとえばグローバリゼーションをめぐる問いについて考えてみよう。ここにあげた理論家たちはすべて、グローバリゼーションを進歩的な歩みと捉え、それがもたらす均質化の帰結が、より民主主義的である世界のための諸条件を形成しているとみなしている。国民国家の主権の終焉は、国家の諸拘束からの解放における新しい段階なのである。グローバルな政体がいま確立されつつあり、それによって新たな形態のグローバルな統治が可能になるだろう、というわけだ。マルチチュードにかんする空虚なレトリックはべつとして、『〈帝国〉』は完全に、コスモポリタンな立場の別ヴァージョンだということができよう。ハートとネグリは、帝国の「平滑的な」特質と、グローバル資本が創造する「外部」のない単一的な世界を強調するが、この見解はじつは、コスモポリタンなヴィジョンと驚くくらい一致するのだ。また彼らは、グローバリゼーションのネオリベラル的なモデルを世界中へと押しつけるさいに合衆国が果たす役割を過小評価するが、これもやはり、グローバル市民社会の唱導者のもつ見解と一致している。

「主権」にかんするかぎりでは、「コスモポリタンな主権」を基軸に組織化される普遍的秩序という見解を打ちあげる者と、『〈帝国〉』の「反主権」というラディカルな立場とのあいだに違いはない。両者において、主権という近代的な概念とのかかわりを、より民主的とされる統治形態の名のもとに断ち切りたいという願望が存在するのはあきらかだ。コスモポリタンの理論家たちはおそらく、「私たちは、主権なしでの政治理論を展開する必要がある」というハートとネグリの宣言に対して異を唱えないだろう。[†32]

社会民主主義政治の諸形態とのかかわりにおいては、『〈帝国〉』で提示されるテーゼとベックやギデンズのテーゼとのあいだにはあきらかな一致がみいだされる。マイケル・ラスティンがいうように、「ハートとネグリは、「第三の道」を唱えるポスト社会主義者と以下の見解を共有している。なるほどハートとネグリが構想する行動は終末論的であるが、それに対して改良主義的なポスト社会主義者は、グローバル資本主義の乱気流をある程度軽減しながら制御することに努めるだけでオルタナティヴを提示しない。それでも両者は、個人化し、グローバル化し、ネットワーク化した新たな社会を未来の行動のための唯一可能な土台として受け入れるべきであるという見解を共有している[†33]」。ポスト社会主義者は、一国的な福祉国家を擁護せよという闘争に対し否定的であるが、ハートとネグリにおいては、欧州連合の軽視もそれに加わるのである。

しかしながら、帝国に対するオルタナティヴがいかにして到来するかをめぐる議論を検討するなら、同書の反政治的な特質がいっそうあきらかとなり、その影響はより有害な帰結をもたらしうるものとなる。実際『〈帝国〉』は、ラディカルな政治にかんする新しいヴィジョンを提供するものだと自負しているはずなのに、政治的な戦略を完全に欠いている。マルチチュードが帝国に対し政治的な挑戦を試みるにしても、それはいったいどういうものなのか？　彼らがいうには、マルチチュードは、帝国の経済的・政治的・文化的構造にかんする彼らの分析から導き出された論理的仮説である。それは、帝国にすでに伏在している対抗‐帝国である。帝国はこれに対して恒常的に拘束を課し、マルチチュードの構成的権力による主権の奪取を妨げようとするが、それでもこれらの拘束は必然的に打破されることになるはずだ。この出来事は、それが生じるならば、根底的な不連続性を告知し、また、歴史性を新しく開示する存在論的変容を構成することになるだろう。マルチチュードが主権を、みずからのありかたに適うものへと変化させることに成功するなら、「存在の新しい布置」が出現し、内在化によって時間の充溢が達成されることになる。こうしてマルチチュードの絶対的な民主主義が到来するわけだ。

アルベルト・モレイラがいうように、こうしたことのすべてがいかにして起こるかについては、せいぜい救世主的に宣告されるだけで理論的には定式化されていない。『〈帝国〉』は、マルチチュードの救世主的な欲望を宣言するが、主体化の理論を提示しないのである。それはせいぜい、つねにすでに形成されたかのようにあらわれる主体が、いかにして千年至福的で本来あるべき位置を獲得するかに言及するだけだ[34]」。政治的分析にかかわる決定的な問い、たとえば、マルチチュードはいかにして革命主体になるかという問いはすべて回避される。彼らのいうには、このようなことはマルチチュードが政治的に対決するそのありかたによって決せられるものであるが、しかしこれぞまさしく、彼らの理論的枠組みに依拠するかぎり、取り組むことのできない問いなのである。マルチチュードの欲望が帝国の終焉をもたらすという彼らの信念は、資本主義の経済的矛盾は資本主義の崩壊に行き着くという第二インターナショナルの決定論を想起させる。もちろんこの場合、革命主体はもはやプロレタリアートではなくて「マルチチュード」である。しかしながら、語彙は新しいにしても、これは相変わらずの古い決定論的方法でしかない。だからそこには政治的介入を効果的におこなうための余地がなくなるのである。

『〈帝国〉』が成功したのは、現行のリベラル派のヘゲモニーに対するオルタナティヴの欠落に特色づけられた風潮に、風穴を開けたからだけではない。それに加えて、成長をつづける反グローバリゼーション運動に、政治的な言語を与えたように思われたからでもある。たしかに伝統的な急進左翼の諸潮流は、これらの闘争の再生を試み、反資本主義的労働闘争として提示していた。しかしながら、これらを説明するための新たな理論的言語が必要なことは火をみるよりあきらかだった。ハートとネグリが動員したドゥルーズ的な用語が魅惑的になるのはまさしくここにおいてである。この試みのおかげで、グローバルな運動により表明された多様な抵抗は、ドゥルーズとガタリが『アンチ・オイディプス』や『千のプラトー』で深めていた発想と共鳴できたのである。それでもやはり私は、反グローバリゼーション運動が、『〈帝国〉』の提示する考えを援用するのはとんでもない誤りだと確信している。この「諸運動の運動」が挑むべき主要課題は、いかにしてみずからを、代案《オルタナティヴ》を具体的に提言する**政治**運動へと変容させるかというものだ。たしかに世界社会フォーラムや、さまざまな地域フォーラムが組織化されることで、第一歩はすでに踏み出されたのかもしれない。しかしながら、将来にかんする多くの重要課題は未決定である。これらが形をなして成功の可能性をみいだすのはおそらく今後のことだろう。

根本的な争点は、運動のさまざまな構成要素のあいだにいかなる種類の関係性を確立するかである。しばしば指摘されるように、これはきわめて異種混淆的な運動である。そして多様性が力の源泉となりうるのは疑いの余地がないにしても、それはまた深刻な問題を引き起こすかもしれないのだ。ハートとネグリは、マルチチュードに内在している諸力が、帝国の構成された権力を打破するのは当然のことだと考えている。彼らがさまざまな闘争の政治的節合にかんして問いを提起しないのは驚くほどのことではない。実際、これはまさしく、彼らが保持する視点ゆえに閉ざされてしまう問いなのだ。ハートとネグリによれば、これらの闘争がコミュニケーションを欠くという事実はさしたる問題ではなく、むしろ美徳ですらある。なぜなら「これらすべての闘争はたがいにコミュニケーション不可能なものであり、そのためサイクルというかたちで飛び火することが妨げられていた。おそらく、まさにそれゆえに、これらの闘争は、飛び火する代わりに、グローバルなレヴェルへと垂直に跳び上がり、ただちにそれに触れるように強いられる」[†35]からだ。だからこそ、おのおのの闘争は局域的《ローカル》であるにもかかわらず、帝国の潜在的な中枢部を直接的に攻撃するのである。ハートとネグリが私たちに、闘争の水平的な節合モデルを放棄するよう要請するのは、それらが適切でなく、新しいラディカルな潜在性をみえなくさせてしまうからだ。さまざまな利害をもち、ときには要求がたがいに対立しあうこともあるが、そんな多様な運動をいかに節合するか、などといった問いにはもうこれ以上悩むことなんかないさ、というわけだ。民主主義政治における中心的な問い、すなわち、反グローバリゼーション運動が緊急に答えなくてはならない問い——いかにして差異を横断しながら組織化し、民主主義的闘争のあいだに等価なものの連なりをつくりだすのか——はこうやって雲散霧消してしまう。

もう一つの深刻な問題は、『〈帝国〉』が、局域的ないしは国民的な闘争をきわめて否定的なやりかたで捉えていることにある。これはもちろん、ハートとネグリが主権性を貶め、グローバリゼーションを、「平滑」空間——そこでは国民国家の主権性と、マルチチュードの自由な動きを阻害する要因が吹き飛ばされる——を確立するものとして賞賛することと符合している。彼らによれば、「脱領土化」の過程とそれにともなう国民国家の弱体化はともに帝国の特質であるが、それらはマルチチュードの解放における一歩前進をあらわしている。それゆえに彼らは、国家ないしは広域《リージョナル》に拠点をおく政治形態を拒絶するのである。彼らがみるところでは、局域性を評価するのは退行的であり、のみならずファシスト的ですらある。というわけで、こう宣言されるのである。「マルチチュードによる隷属への抵抗——国家やアイデンティティ、民衆への帰属という隷属状態に抗する闘争、ゆえにまた主権と、主権が主体性に押しつける諸々の制約からの逃亡――はまったくもって能動的なものだ」[36]。

反グローバリゼーション運動が以上のような見方を援用するなら、それは政治的な見当違いに陥ることになろう。実際のところ、運動の未来と衝撃力は、グローバルなだけでなく、局域的、国民的、広域的といったさまざまなレヴェルで組織化していく能力次第であるからだ。『〈帝国〉』における主張にもかかわらず、国民国家はいまだに重要な役回りを演じている。たとえ多国籍企業が国家から独立した戦略にしたがい行動しているとはいえ、国家権力がないならなにもできないのである。ドレーン・マッシーが強調するように[37]、グローバル空間は「条理化」されている。さまざまな場所で、権力諸関係が、局域的、広域的、ないしは国家的といった種々の布置において節合されるというように。結節点は多様であるがゆえに多様な戦略を必要としているのであり、それゆえに闘争はただグローバルなレヴェルだけで捉えられるものではない。ヨーロッパ（二〇〇二年はフィレンツェ、二〇〇三年はパリ、二〇〇四年はロンドン）および世界各地の都市で組織化された広域的《リージョナル》ないしは局域的《ローカル》なフォーラムは、さまざまな抵抗が相互に連結し、「陣地戦」――グラムシの用語を借りていうなら――を開始できる場所だ。局域的なもの、ないしは国家的なものに忠実であっても、それは抵抗のための重要な拠点となりうる。こうしたものを拒絶して、民主主義的な目標をめぐって結集される情動的な次元の動員を拒むなら、その潜在力は右派のデマゴーグにより節合されて活用されてしまうだろう。それゆえに反グローバリゼーション運動が、ハートとネグリの助言にしたがい、局域的なものや国家的なものに忠実になることを反動的とみなすのは深刻な誤りだろう。

一体化された帝国に対峙するグローバルなマルチチュードという誤った構図、つまり、必然的にマルチチュードの勝利に帰結し、「新しい民主主義、すなわち、無制約で測定不可能な絶対的民主主義の確立[†38]」にいたるという構図に抗ってでも提起されるべきなのは、抵抗の政治的組織形態にかんする問いだ。そしてこのためには、おのおのの陣営の内部にある分裂を認識する必要がある。つまり、マルチチュードの「欲望する諸機械」のあいだの摩擦と、資本主義陣営における利害の分岐を見過ごしてはならない。ハートとネグリが提示するグローバル化された平滑空間にかんするヴィジョンは、コスモポリタンの立場と同様、世界の本性である多元性、「普遍的」ではなくむしろ「多遍的」だという事実を察知できない。「絶対的民主主義」、すなわち、主権を超えた絶対的内在性の状態においては、マルチチュードの新たな自己組織形態が、権力によって構造化された秩序に代わるとされるが、この観念は、宥和した世界をポストモダン的な形態で希求すること以外のなにものでもない。このような世界では欲望が秩序に勝り、マルチチュードの内在的な構成的権力が、超越的に構成された国家権力を打ち負かすのだが、政治的なものは取り除かれてしまうだろう。このような希求は、たとえリベラルなものであれ急進左翼的なものであれ、国内的および国際的なレヴェルにおいて直面している民主主義政治への現実的な挑戦を把握するための妨げとなる。真の課題は、われわれ／彼らの関係性をいかにして乗り越えるかではなく、多元的な秩序に両立可能なわれわれ／彼らの構成形態をいかにしてみいだすかなのである。

多極的世界秩序へ

第Ⅳ章で論じたように、私たちはいま、合衆国のヘゲモニーに対抗するための正当化された回路が存在しない一極的世界を生きている。この事実が、新しい敵対性が激発することの淵源にある。実際、この敵対性の本性を把握できないなら、それは「文明の衝突」を引き起こすだろう。このような見通しを回避するには、世界全体に単一モデル――たとえそれが善意から出たコスモポリタンのものであっても――を押しつけようとせず、多元主義を真剣に検討する必要がある。それゆえに、統一された世界という幻想を捨て、多極的世界の確立に向けて行動しなければならないのである。今日、実効性のある「多国間協調主義」が必要であるとひんぱんに呼号されている。しかしながら、一極的な世界における多国間協調主義はつねに幻想でしかないだろう。単一のヘゲモニー的権力が存在するかぎり、他国の意見を考慮に入れるか、それとも単独で行動するかを決めるのは、つねに一つの国でしかないだろう。本当の多国間協調主義は決定の中心の多元性と、諸々の権力のあいだでの均衡――たとえそれが相対的なものでしかなくても――とを必要とするのである。

第Ⅳ章で示唆したように、カール・シュミットのヨーロッパ公法に代わる新しい大地のノモスの可能性について考察をくり広げている一九五〇年代と一九六〇年代初頭の著作には重要な洞察がみいだせる。一九五二年の論文[†39]で、彼は冷戦がもたらす二項対立と、資本主義と共産主義の分裂がどのように展開するかを検討し、実現可能性のあるいくつかのシナリオを想像している。このような二項対立は、世界の最終的な一体化の前触れ以外のなにものでもなく、そしてこの統一は、敵対者の一方が全面的に勝利し、そのシステムとイデオロギーを世界の総体に押しつけることでもたらされるだろうという見通しについて彼は懐疑的である。二極的世界の終わりは、アメリカによって、そのヘゲモニー下で保持される新たな均衡をもたらすだけなのだ。シュミットはまた、三つめの展開形態も想像している。それは、複数の自律的な広域ブロックの存在に基盤をおく新世界秩序をもたらすだろう、多元化の力学の開けのうちにある。これによってさまざまな広域圏のあいだに新しい国際法の体系が確立され、それをとおしてこれら広域圏のあいだに諸勢力の均衡のための条件が与えられることになろう。このような均衡は種々の点で旧来のヨーロッパ公法と似ているようだが、しかしながらこの場合は、真にグローバルであってヨーロッパを中心とするものではない。これが彼の好む解決であった。なぜなら彼は「真の多元主義」を確立することによって、このような多極的世界秩序は、対立を調停するのに必要とされる制度をもたらし、単一システムの一般化にともなう似非普遍主義に発するネガティブな帰結を回避できると信じていたからだ。彼はしかしながら、このような多元主義よりも、似非普遍主義の実現の可能性のほうが高そうだと考えていたわけだが、不幸なことに、シュミットの危惧は、共産主義体制崩壊のあと的中してしまった。

　もちろんシュミットの考察を動機づけている関心は私のものとはまったく異質である。しかしながら、彼のヴィジョンは、現在の危機的事態にとって重大な意義を有していると思われる。左派は世界の多元的性格を認識し、多極的な立場を受け入れるべきだ。それはマッシモ・カッチャーリが論じるように、†40 広域的《リージョナル》な極がたがいの十全な自律性を承認しつつ連合する文化的アイデンティティといった理念に基盤をおく国際的な法システムの確立にむけて働きかけるということを意味している。カッチャーリは世界の多元的性格を認識し、イスラム世界との関係性をめぐる問いを検討しながら、イスラムの近代化は西洋化によりおこなわれるべきだという信念に警告を発している。西洋化のモデルを押しつけようとするならば、局域的な抵抗による紛争を増大させ、グローバルなテロリズムを助長するだろう。彼は、特定の数の大空間《グレイト・スペース》と純正の文化的極の周囲に構築されるグローバリゼーション・モデルを提示し、新しい世界秩序は多極的であるべきと強調するのである。

　合衆国のゆるぎない優位をみるならば、このような多極的世界という企図などまったく非現実的であると考える人も多いだろう。しかしながらこれは、コスモポリタン的ヴィジョンと比べるならばそれほど非現実的でもない。事実、超大国としての中国の台頭は、多元化にむかう力学が非現実的ではなくすでに起こりつつあることを例証している。そして、自律性と交渉力の獲得を目的とした広域ブロックが形成されはじめていることを示唆する事例はこれだけでない。たとえば、ラテンアメリカ諸国が、ブラジルとアルゼンチンの主導によってメルコスール[*1]（南アメリカで共有される経済構造）を強化していく試みが目指す方向でもある。同様の力学が、ASEANに集ういくつかの東アジア諸国において作動しており、このようなモデルの魅力は高まりつつある。

私は乗り越えるべき障害を低く見積もるつもりはない。しかしながら、少なくとも多極的秩序の確立においては、こういった障害は経験的な性質のものでしかない。コスモポリタン的な企図が不備のある理論的前提に依拠することと比べればたいしたことではないのである。コスモポリタン的な企図は、権力諸関係をめぐって構築されることのない世界秩序を夢見るのだが、この夢は、あらゆる秩序のヘゲモニー的本性と折り合いをつけることを拒むのだ。「ヘゲモニーを超えること」などありえないと認識すれば、単一の権力に依存する世界を乗り越えるため

＊1　一九九一年にアルゼンチン、ブラジル、パラグアイ、ウルグアイの四ヶ国で発足した共同市場の計画。九五年一月一日発効。二〇〇六年七月にはベネズエラも加盟。関税の相互引き下げと対外共通関税を定め、民主主義の促進も企図。メルコスールの規模は、二〇〇六年度でGDPの合計が一・三兆ドルであり、総人口は二億五〇〇〇万近くになる。域内関税は、サービスを除く約九〇％の品目について撤廃され、対外共通関税は、八五％の品目について平均一二％を課す。隣接するチリとボリビアとは、九六年六月に自由貿易協定を締結し、両国はメルコスールの準加盟国となった（他の準加盟国はペルー、エクアドル、コロンビア）。

の戦略で可能なのは、ヘゲモニーを「多元化していく」方途をみいだすことだけだ。そしてこれはただ広域的な権力の多様性を認識することによってのみ可能となる。国際秩序におけるいかなる行為者であっても、その権力ゆえにみずからを法より上位にあるとみなしたり、みずから主権者の役回りを演じてみたりすることができなくなるのは、このような場合においてのみである。さらにいえば、ダニーロ・ゾーロが指摘するように、「多極的な均衡は、国際法が最低限度の機能、すなわち、現代の戦争のもっとも破壊的な帰結を封じ込めるという機能を行使するための必要条件である[†41]」。

---

†1 Nadia Urbinati, 'Can Cosmopolitical Democracy Be Democratic?', in Daniele Archibugi (ed.), *Debating Cosmopolitics*, London, Verso, 2003, pp. 67-85.

†2 *Ibid.*, p. 69.

†3 *Ibid.*

†4 Richard Falk and Andrew Strauss, 'The Deeper Challenges of Global Terrorism: a Democratizing Response', in Daniele Archibugi (ed.), *Debating Cosmopolitics*, p. 203.

†5 Richard Falk and Andrew Strauss, 'Towards Global Parliament', *Foreign Affairs*, January-February 2001.（リチャード・フォーク、アンドリュー・ストラウス「グローバル議会の設立を提唱する」、『論座』二〇〇一年四月号）

†6 Falk and Strauss, 'The Deeper Challenges of Global Terrorism', p. 205.

†7 *Ibid.*, p. 209.

†8 Ulrich Beck, 'Redefining Power in the Global Age: Eight Theses', *Dissent*, Fall 2001, p. 89.

†9 *Ibid.*

†10 Daniele Archibugi, 'Cosmopolitical Democracy', in *Debating Cosmopolitics*, p. 7.

†11 Daniele Archibugi, 'Demos and Cosmopolis', in *Debating Cosmopolitics*, p. 262.

†12 David Held, 'Democracy and the New International Order', in Daniele Archibugi and David Held (eds.), *Cosmopolitan Democracy: An Agenda for a New World Order*, Cambridge, Polity Press, 1995, p. 111.

†13 David Held, 'The Transformation of Political Community: Rethinking Democracy in the Context of Globalization', in I. Shapiro and C. Hacker-Cordón (eds.), *Democracy's Edges*, Cambridge, Cambridge University Press, 1999, p. 105.

†14 *Ibid.*, p. 106.

†15 Danilo Zolo, *Cosmopolis: Prospects for World Government*, Cambridge, Polity Press, 1997.

†16 David Chandler, 'New Rights for Old? Cosmopolitan Citizenship and the Critique of State Sovereignty', *Political Studies*, Vol. 51, 2003, pp. 332-49.

†17 *Ibid.*, p. 340.

†18 *Ibid.*, p. 343.

†19 David Held, *Democracy and the Global Order*, Cambridge, Polity Press, 1995, p. 232.（デヴィッド・ヘルド『デモクラシーと世界秩序：地球市民の政治学』佐々木寛・遠藤誠治・小林誠・土井美徳・山田竜作訳、NTT出版、二〇〇二年、二六四頁）

†20 David Held, *Global Covenant: The Social Democratic Alternative to the Washington Consensus*, Cambridge, Polity Press, 2004.（デヴィッド・ヘルド『グローバル社会民主政の展望：経済・政治・法のフロンティア』中谷義和・柳原克行訳、日本経済評論社、二〇〇五年）

†21 *Ibid.*, p. 171.（同書、二二四頁）

†22 「統治」を私が批判するのは、この概念の、「グローバルな統治」という特殊な文脈における使用法が問題となる限りにおいてである。もちろんこの概念は他のやりかたで使用される。たとえばさまざまな形態による「ネットワークによる統治」のように。この場合、目的となるのは、民主主義的な異議申し立ての拡張である。

†23 Urbinati, 'Can Cosmopolitical Democracy Be Democratic?', p. 80.

†24 Robert Dahl, 'Can International Organizations Be Democratic? A Sceptic View', in *Democracy's Edges*, p. 25.

†25 *Ibid.*, p. 32.

†26 Mary Kaldor, *Global Civil Society: An Answer to War*, Cambridge, Polity Press, 2003.

†27 *Ibid.*, p. 108.

†28 Michael Hardt and Antonio Negri, *Empire*, Cambridge, MA, Harvard University Press, 2000.（マイケル・ハート、アントニオ・ネグリ『〈帝国〉：グローバル化の世界秩序とマルチチュードの可能性』水嶋一憲・酒井隆史・浜邦彦・吉田俊実訳、以文社、二〇〇三年）

†29 『〈帝国〉』についての適切な批判はすでに多くの書物でなされている。以下の文献を参照のこと。Gopal Balakrishnan (ed.), *Debating Empire*, London, Verso, 2004; Paul A. Passavant and Jodi Dean, (eds.), *Empire's New Clothes*, New York, Routledge, 2004, および the special issue of *Rethinking Marxism*, Vol. 13 3/4, 2001.

†30 Michael Hardt and Antonio Negri, *Multitude: War and Democracy in the Age of Empire*, New York, Penguin Press, 2004.（マイケル・ハート、アントニオ・ネグリ『マルチチュード：〈帝国〉時代の戦争と民主主義』水嶋一憲・市田良彦監修、幾島幸子訳、ＮＨＫ出版、二〇〇五年）

†31 Micheal Hardt and Antonio Negri, 'Adventures of the Multitude: Response of the Authors', in *Rethinking Marxism*, p. 239.

†32 Hardt and Negri, ‘Adventures of the Multitude’, p. 242.

†33 Michael Rustin, ‘Empire: a Postmodern Theory of Revolution’, in *Debating Empire*, p. 7.

†34 Alberto Moreiras, ‘A Line of Shadow: Metaphysics in Counter-Empire’, in *Rethinking Marxism*, p. 224.

†35 Hardt and Negri, *Empire*, p. 55.（ハート、ネグリ『〈帝国〉』、八二頁）

†36 *Ibid.*, p. 361.（同書、四五三頁）

†37 Doreen Massey, *For Space*, London Sage, 2005, chapter 14.

†38 Michael Hardt and Antonio Negri, ‘Globalization and Democracy’, in Okwui Enwezor et al. (eds.), *Democracy Unrealized*, Kassel, Hatje Cantz, 2002 p. 336.

†39 Carl Schmitt, ‘Die Einheit der Welt’, *Merkur*, Vol. VI, 1 1952, pp. 1-11.

†40 Massimo Cacciari, ‘Digressioni su Impero e tre Rome’, in: H. Frise, A. Negri and P. Wagner (eds.), *Europa Politica Ragioni di una necessita*, Roma Manifestolibri, 2002.

†41 A. Negri and D. Zolo, ‘Empire and the Multitude: a Dialogue on the New Order of Globalization’, *Radical Philosophy*, No. 120, July/August 2003, p. 33.

第VI章

結論

Six
Conclusion

いまや私たちは、決定的な時を迎えつつある。一九九〇年代という、リベラル民主主義の最終的勝利と「新世界秩序」の到来がさまざまな方面から歓呼された多幸症的時期のあと、新しい敵対性が出現しつつあるのだ。この新しい敵対性は私たちに厄介な課題を突きつけているのだが、それを私たちは、数十年にわたるネオリベラルのヘゲモニーのせいで直視できずにいる。本書は、この難問のいくつかを検討してきた。また、これらの本質を理解するためには、人間社会に存在している敵対性の抹消不可能な次元、つまり私が「政治的なもの」と呼ぶことを提起した次元と折り合いをつけることを要すると論じてきた。

国内政治について私が示したのは、政治の対抗的形態が終焉し左派／右派の区別が乗り越えられたと信じることは、調和した社会の確立を容易にするどころか、むしろ、右翼ポピュリズム運動が台頭するための土台を準備することにしかならないということだ。解決策は、左派／右派の区別をふたたび活性化させ、政治の闘技的な特質を促進することにあると論じたからといって、あたかもこれらの用語の意味がずっと不変であるかのように、伝統的な内容への回帰を呼びかけているわけではない。左派と右派の対立で問題になるのはその特定の意味内容——たしかにノルベルト・ボッビオが指摘したように[†1]、それは社会的再分配をめぐる相反する態度に関連しているとはいえ——ではなく、社会の分裂の認識と対立の正当性だからだ。それによって、民主主義社会には利害と要求の多元性が存在すること、これらは対立し、最終的な和解が困難であるにもかかわらず、その多元性は正当なものとみなされるべきであることがはっきりと示される。左派と右派の意味内容自体は変化するかもしれない。しかしながらそれらを分かつ境界線は存続すべきである。なぜなら、これが消え去ることは、社会的分裂が否定されること、および多くの声が沈黙させられることを意味するからだ。このことゆえに民主主義政治は、その本質からして必然的に対抗的でなければならない。ニクラス・ルーマンが強調したように、現代の民主主義は「頂点の分割」、つまり政府と対抗者とのあいだに明瞭な一線を引くことを要請するが、このことは、はっきり区別された政策が提示され、社会を組織するさまざまなやりかたのあいだで決断する可能性が市民に与えられるということである[2]。社会の分裂が左派と右派の区別によって表現されないなら、情念を民主主義的な目標にむけて動員するのは無理であり、敵対性は民主主義的制度を危うくする形態をとることになろう。

多元主義の限界

あらかじめ混同を避けるために、次のことをはっきりさせておきたい。ポストモダンの思想家のなかには多元主義を手放しで賞賛する者もいるが、これとは反対に私は、民主主義的な多元主義の政治においては、所与の社会で形成される要求のすべてを正当なものと捉えるべきだとは考えない。私が唱導する多元主義においては、闘技的な討論をなすものとして受け入れられるべき要求と、そうでなく除外すべき要求を区別することを必要とするのである。民主主義社会においては、基礎となる制度を疑問に付す者を正当な対抗者とみなすことはできない。闘技的な方法はあらゆる差異を包摂することや、排除のあらゆる形態を乗り越えることを求めたりしない。しかし排除は道徳的観点ではなく政治的観点において捉えられる。いくつかの要求が排除されるのは、それらが「悪」と宣告されるからではなく、民主主義政治の連合体《アソシエーション》を構成する制度に挑戦するからなのである。なるほどこれらの制度の本質そのものも闘技的な討論の対象である。とはいえこのような討論が起こるためには、共有される象徴空間の存在が必要なのである。私が第Ⅱ章で、民主主義は「対立をはらむ合意形成」――万人に対する自由と平等という倫理的政治的な価値についての合意形成と、その解釈をめぐる不同意――を必要とすると論じたさいに言わんとしたのはこのことなのである。それゆえに、これらの価値観を無条件に拒絶する者と、それらを受け入れたうえで、たがいに対立する解釈をめぐって闘う者のあいだには線が引かれるべきである。

このような私の立場は、ジョン・ロールズのようなリベラル派の理論家の立場と似ているようにみえるかもしれない。なぜなら彼は「単純な」多元主義と「理性的な」多元主義を区別し、正当な要求とそうでない要求のあいだに線引きしようと試みるからだ。しかしながら私の立場は、ロールズとはあきらかに異なっている。彼はこのような区別が理性と道徳性に依拠すると考えるのに対し、私は正当なこととそうでないこととのあいだに境界線を引くことはつねに政治的決断であり、さらにこの線引きはつねに異議申し立てへと開かれるべきだと考えているのである。[†3]ウィトゲンシュタインにならって、こういうことができる。私たちが民主主義の価値観と制度に忠実であるのは、それが理性的だからではない。リベラル民主主義の原則が擁護されるのは、それが私たちの生活形式を構成するからである。[*1]ロールズやハーバーマスとは反対に、私はリベラル民主主義が、理想化された条件ですべての理性的な個人が選択したモデルであるとは考えていない。このことゆえに私は、政治制度に刻印された規範的な次元の本質を「倫理的政治的」なものとして捉えるのである。すなわち、それは普遍的な道徳の表現ではなくつねに特殊な文脈に依存し、個別の実践に関連づけられているのである。じつのところ、カント以来、道徳はしばしば普遍的な命法の領域として提示され、「合理的な不同意」の余地など一切ないと考えられてきた。これは、私の見方では、多元性が世界の根本をなし、価値観が還元不可能に対立しているという認識とは両立できないのである。

多元主義の限界にかんする私の立場が、多文化主義をめぐる近年の議論と密接に関係しているのはあきらかなので、これらにかんして少しは述べておいたほうがよいだろう。第一に、私たちは多文化主義のレッテルのもとに集められたさまざまな要求を、文化に限定された習俗および風習の承認にかんするものと、直接的に政治的であるものに区別する必要がある。この区別が簡単ではなく、はっきりとした満足のいく解決などありえないことについては私も承知し

＊1 「生活形式」については『哲学探究』を参照のこと。また、生活形式における一致と理性的同意の区別に関するウィトゲンシュタインの議論の意義については『民主主義の逆説』第三章「ウィトゲンシュタイン、政治理論、民主主義」で論じられている。ウィトゲンシュタインがいうところによれば、意見が一致するのは、その語の定義に関して一致するからではなく、むしろその語を用いるやりかた（生活形式）を共有するからである。不一致が生じる場合、それは生活形式を共有しえないところに生じるものであり、だから説得という強制措置に頼らざるをえない。このような説得を介した同意は、討議民主主義が想定する理性的なコミュニケーションを介した同意と異質である。ムフは「闘技的多元主義」を提唱するうえで、以上の議論が示唆的だったと述べている。

ている。しかしながら、リベラル民主主義の基本的枠組みを危険にさらすことなく充足可能な要求と、それを破壊することになる要求のあいだに大まかな区別は設定できるだろう。ここで問題となるのはたとえば、要求を充足させるためには、さまざまな法システムを集団の民族的起源や宗教的信念にしたがわせつつ運用しなければならないような場合である。もちろん先住民のように例外が認められてしかるべき特殊事例もなくはない[†4]。しかしながら、法の多元主義が規範になるなら、民主主義政治の連合体の永続性を危険にさらすことになろう。民主主義社会では、通常は憲法に明記され、法の枠組みに組み込まれている共有の倫理的政治的原則に、市民が忠実であることが要求されるが、そこでは正当性の原則が対立しながら共存するのは許容されない。多元主義の名の下に、ある種の移民については例外が認められると考えるのは誤りである。これはつまり、社会的諸関係の象徴的秩序づけにおいて政治的なものが果たす役割について理解が欠如していることを意味している。たとえばオスマン帝国における「ミレット・システム」（イスラム教、キリスト教、ユダヤ教のそれぞれの共同体を自己統治的単位として認め、おのおのの構成員に対し厳格な宗教法を課すことを許可した）のように、法的多元主義の形態はたしかにいくつか存在した。しかしながらこのようなシステムは、すべての市民に平等を認める民主主義のシティズンシップと両立しないのである。

近代の多元性

国内政治から国際政治に目をむけるなら、私たちはそこで、リベラルな多元主義とは区別する必要のあるきわめて多様な種類の多元主義に遭遇するだろう。第一の類型の多元主義はリベラル民主主義に特有のもので、善き生についての実体的な把握を放棄し、個人の自由を賞賛する。このような多元主義はリベラル民主主義の制度に埋め込まれ、その倫理的政治的原則の一部を形成しているため、市民は受容しなければならない。しかしながら、これとはべつの多元主義がある。すなわちリベラル民主主義の主張——その卓越した合理性ゆえにすべての社会が援用すべき普遍的モデルを提供するという主張——をくつがえす多元主義である。このような多元主義こそ多極化の企図において決め手となる多元主義である。

リベラルな普遍主義者が私たちに信じ込ませるのとは逆に、道具的な理性と原子論的な個人主義の展開をその特徴としている西洋型の近代化モデルは、世界や他者とかかわっていくのにただ一つの適切な方法ではない。西洋でヘゲモニーを獲得したかもしれないが、しかしながら批判者の多くが指摘しているように、西洋においてさえもこれが社会性の唯一の形式ではない。このような文脈で思想史家は啓蒙主義が一枚岩だったという観念を批判し、しばしばたがいに競い合うさまざまな啓蒙思想が存在したこと、およびこれらが資本主義的な近代の興隆によって追いやられたこととをあきらかにしてきた。

いまではヨーロッパの歴史を構成するものとされる多様な啓蒙的価値観――市民的、形而上学的、新ローマ的、人民主権的、公民的といった価値観――を検討しつつ、ジェイムズ・タリーはこう述べる。「啓蒙とは何か」という問いは、カント的伝統の内部で、定義上、超越論的立法的回答をともなった、超越論的問いとして定式化されるわけだが、これを脱超越論化し、歴史的な問いとして設定しなおすべきである。この問いは「多様な小文字の啓蒙による答えをともなうことになる。すなわちおのおのが、個別のエートスの行使と、それと起源を同じくする政治的実践によって獲得される主体性、つまり啓蒙されたものとして自己宣告する主体性の形式にかかわる答えをともなうのである」[†5]。しかしながら、探究をヨーロッパに限定するのは不十分である。なぜなら、問いの歴史的特質がひとたび認められるなら、その答えは定義的に超越論的ではなく、むしろ、定義的に歴史的であることを認めなくてはならない。したがってタリーが示唆するように、「「啓蒙とは何か」が定義する問題は、ヨーロッパのなかに、つまりヨーロッパが主権国家の近代的システムへと移行し、次第に変容を遂げたという背景を前提に争われている解決をめぐる果てしない討論に制限されるべきではない」[†6]。

私は、非ヨーロッパ的な啓蒙の可能性にかんするタリーの考察が、多極化の方法を構成するのに決定的だと考える。実際、このような方法は、西洋が世界各地に対し、西洋以外の歴史と伝統を顧慮することなく押しつけようと試みている近代性とはべつの近代性の諸形態が存在するという事実を受け入れるよう私たちに求めてくる。西洋とは異なる社会のモデルを擁護するにあたって必要なのは、それを後進性のあらわれや、あるいは「前近代的」段階に留まることの証左とみなさないことである。いまやまさに、私たちのモデルこそが理性と道徳性についての特権的な位置を占めているというヨーロッパ中心的な信条を廃棄すべきなのである。

人権の混血的概念

「人権」という、今日におけるリベラル民主主義の言説の中心に位置する概念に、このような「近代性の多元主義」はどのような帰結をもたらすのだろうか？　ここまでみてきたように、リベラル民主主義を世界規模で実現するというコスモポリタン的な企図のなかで、人権は中心的な役割を担っている。実際、人権が普遍化されるためには、西洋以外の社会が西洋の制度を受容することを必要とする、というのがその核となる主張なのである。このような考えは多極的世界においては放棄すべきではないだろうか？

この主題をめぐる私の立場は、多元的なやりかたで思考するためには、通常理解されているような意味での人権の普遍性という観念を問いに付す必要がある、というものだ。ボアヴァンチュラ・ド・スーザサントスは次のように述べている。「普遍的なもの」と把握されるかぎりにおいて、人権はつねに西洋がそれ以外の世界に押しつける、彼のいうところの「上からのグローバリゼーション」[†7]の道具でしかありえないだろうし、これによって文明の衝突は煽りたてられるだろう。私はそれに同意する。スーザサントスによれば、人権の「普遍性」といった問いの立て方そのものが、ある一つの文化に特殊であるような西洋文化的発想であり、文化的に不変のものと提示することはできないのである。だからといって彼は、このことから、人権を拒絶せよとは結論しない。スーザサントスは、人権政策が、ヘゲモニーを握る資本主義国家の経済的かつ地政学的利害にしばしば奉仕するものであることを認めつつ、人権についての言説は抑圧された者を守るものとしても分節［節合］されうると主張する。誤った普遍主義に訴えかけることなく、文化的特異性や人間の尊厳についての多様な捉え方の周囲に節合された、人権言説についての対抗ヘゲモニー的言説もある、と力説するのである。そこで彼は混血的な人権概念を提唱し、これによって人権を「多文化的なもの」として捉え直している。人権を、さまざまな文化に応じてさまざまに定式化されうるものとみなすのだ。

スーザサントスはライムンド・パニカーの方法を援用している。パニカーによれば、人権の意味を理解するにはそれらが私たちの文化で果たしている機能を検討する必要がある。検討してみるならば、非西洋の文化ではこの機能が西洋文化とは異なったやりかたで果たされていないかどうかを確認できるはずだ[†8]。西洋の文化では、人権は、人間の尊厳が守られているかを確証するための基本的な基準を提供するものであり、政治的秩序の必要条件とみなされている。問うべきなのは、私たち以外の文化は同じ問いに対して異なる答えを与えているのではないかということだ。言い換えれば、私たちは、［他の文化において］人権の機能的等価物をみいだすべきなのである。かりに、人権において問われているのが人格の尊厳であると認めるなら、この問いにはさまざまなやりかたで答えることができるだろう。西洋文化で「人権」と呼ばれるものは、この問いに答えるための文化的に特殊な形態、つまり、リベラルな文化特有の個人主義的形態であり、それゆえにこれが唯一正当である回答とは主張できないのである。

こうした発想には展望があるように私には思われる。スーザサントスやライムンド・パニカーにならって、人権という概念が西洋によるヘゲモニーの押しつけのための道具と化すことを防ぐべく、それを多元化することが必要である、と論じたい。人権の理念が多元的に構成されると認識することは、人権の政治性をあかるみに出すことである。人権をめぐる討論が、道徳と理性の命法——ちょうど西洋で定義されるような——のみが正当性の基準を提示するような中立的な場で起こるとは考えられない。人権をめぐる討論の生じる場とは、ヘゲモニー闘争の交わされる権力関係によって形成される場であり、それゆえ、人権についての正当な理解の多元性に開かれていることが重要なのである。

どのヨーロッパなのか？

私は、政治的なものについての以上の考察を、こう問うことでしめくくりたい。多極的世界におけるヨーロッパの位置はいかなるものであるべきか？　真に政治的なヨーロッパ、つまり現実の力でもあるヨーロッパははたして可能か？　それははたして望ましいヨーロッパであるか？　たしかにこれは、左派と右派の双方で激しく議論されている争点である。左派の人びとの多くがなぜこうした出来事を前向きに捉えることができないのかを検討してみる必要がある[†9]。彼らはたいていヨーロッパを、西洋資本主義のヘゲモニー的企図と同一視し、さらに、政治的なヨーロッパは、ヘゲモニーをめぐって争う二つの権力が西洋の内部でくり広げる内部闘争以上のものではないと主張する。唯一の違いは、ヨーロッパが、合衆国に追随せずそのライバルになることだけだというのである。私は一極的世界の終焉は前向きの発展であると信じているが、だからといってこのようなヨーロッパは私の提案するヨーロッパではない。多元的世界秩序を確立するには、リーダーシップをめぐってヨーロッパを合衆国と競わせようとするだけでなく、グローバリゼーションのありうる形態が、現在支配的であるネオリベラル的なもの以外に存在しないという観念を捨て去る必要があるのだ。ヨーロッパがアイデンティティを主張するさいに問われるべきは「西洋」の観念そのものである。こうすることで多元化の活力が解き放たれ、ネオリベラルのヘゲモニーに抵抗するための基盤の創出が可能になるのである。

　ヨーロッパ統合について懐疑的な左派もいるが、その理由は、国民国家が民主主義的なシティズンシップにとって必要な空間であり、この空間がヨーロッパという制度によって危殆に瀕していると捉えられているからだ。彼らはヨーロッパのプロジェクトを、ネオリベラリズムを導き入れるトロイの木馬であり、社会民主主義政党が獲得してきた果実を危うくするとみなしている。現在のヨーロッパの政策への彼らの不信に根拠があることを否定はしない。しかしながら、ネオリベラル的なグローバリゼーションに対し国家のレヴェルで抵抗できると考える点で誤っている。ネオリベラリズムに代わりうるオルタナティヴの構想が可能になるのは、ただヨーロッパのレヴェルにおいてのみである。不幸なことにも、これは、現実の欧州連合が進んだ方向ではない。だからといってこの事実は、人びとに、ヨーロッパ政治からの退却を促したりはせず、むしろヨーロッパのレヴェルで闘争を推し進め、ヨーロッパの未来の形に影響をおよぼしていくことが重要であると確信させるだろう。

本書でみてきたように、国際主義者は政治的なヨーロッパという理念に反対するが、それは彼らがあらゆる種類の境界線と帰属のための広域的な形態に対し批判的だからだ。彼らはグローバリゼーションのつくりだす「脱領土化」を称揚する。なぜなら、それは「ノマド的マルチチュード」がみずからの欲望にしたがって自由に動きまわることのできる、真にグローバルな境界なき世界のための条件を確立しているからだ。彼らのいうには、政治的なヨーロッパを構築するなら、それは「ヨーロッパ要塞」確立への傾向を促し、現にある分裂を増大させることになろう。たしかにこのような可能性は無視すべきではないし、合衆国の競合者と自認しているヨーロッパであるからこそありうる話なのである。しかしながら大規模な広域的単位が共存し、グローバリゼーションのネオリベラル・モデルが唯一のものでない多極的世界の情勢においては、状況は違ってくるはずだ。

政治的ヨーロッパの観念を提唱する左派の人びとのあいだにはたしかに、それがただアメリカのヘゲモニーと競うだけでなく、さらに異質な文明化のモデルを促進すべきであることについて一般的な同意が存在する。しかしながら彼らのすべてが多極化のヴィジョンを受け入れているわけではない。たとえば、西洋的なリベラル民主主義モデルが世界規模で採用されるべきと考えるリベラルな普遍主義者のなかにも、政治的ヨーロッパを提唱する者がいる。彼らはその政治的ヨーロッパこそ他のすべての社会が模倣すべきものとみなしているわけだ。ここで彼らが擁護しているのは、事実上、コスモポリタン・プロジェクトである。というのも彼らはヨーロッパが、法と人権の世界規模での行使を土台とする普遍的秩序の確立にむかう運動の前衛であると考えているからだ。これはたとえばハーバーマスがヨーロッパのプロジェクトを捉えるやりかたである。[†10] 彼はイラク侵略後の二〇〇三年にヨーロッパに向けて連帯を呼びかけ、ブッシュ政権による国際法と人権の蹂躙に反対するよう呼びかけた。このこと自体は歓迎すべきである。強いヨーロッパを創出することについては彼に同意するものの、しかしながら私は、彼がこの動向をコスモポリタン秩序の創設への第一歩とすることについては同意できない。なぜならこのような見解が依拠している普遍主義的な前提を受け入れることができないからだ。

私がみるところでは、真に**政治的な**ヨーロッパは、多極的世界の一部として、他の政治的実体との関係においてのみ存在しうるのである。ヨーロッパが新しい世界秩序を創造するさいに決定的な役割を果たしうるとするなら、それはすべての「道理にしたがう《リーズナブル》」人間が服従すべきコスモポリタン的な法を広めることによってではない。むしろ、広域的な極のあいだに均衡をもたらすこと、つまり、それぞれに特有の関心と伝統を価値あるものとみることを許容し、民主主義のさまざまな土着的モデルを受け入れられるような均衡の確立に貢献することによってである。このことは国際関係を規制する一連の制度が必要であることを否定しない。しかしながらこれらの制度は、一元化された権力構造の周囲に組織されるのではなく、かなりの程度の多元性を許容するものでなくてはならないのである。コスモポリタン主義者たちには**失礼かもしれない**が、ここでの目的は西洋的なリベラル民主主義のモデルの普遍化ではない。このモデルを唯一正当なものとみなし、抵抗してくる社会に押しつけようと試みるなら、それを受け入れない者を文明の「敵」として提示することになり、それによって敵対的な闘争の条件がつくりだされることになる。たしかに多極的世界にも対立は残存する。しかしながらここで対立がとる形態は、一極的世界における形態に比べればより敵対性の度合いの低いものとなろう。私たちには対立を除去し、人間の条件を逃れる力はない。しかしながらこれらの対立を闘技的な形態にする実践や言説、あるいは制度をつくる力はあるのだ。民主主義のプロジェクトを擁護しながら徹底化するとき、政治的なものをその敵対的な次元において認識し、権力と主権性とへゲモニーとを乗り越えうる宥和した世界という夢を捨て去らなければならないのは、このためなのである。

†1 Norberto Bobbio, *Destra e Sinistra: ragioni e significati di una distinzione politica*, Roma, Donzelli Editore, 1994.（ノルベルト・ボッビオ『右と左：政治的区別の理由と意味』片桐薫・片桐佳子訳、御茶の水書房、一九九八年）

†2 Niklas Luhmann, 'The Future of Democracy', *Thesis Eleven*, No. 26, 1990, p. 51.

†3 この点におけるロールズの立場に対して私は『政治的なるものの再興』の第六章で批判した。

†4 これらの問題に関する議論としては次の文献を参照のこと。William Kymlicka, *Multicultural Citizenship*, Oxford, Oxford University Press, 1995.

†5 James Tully, 'Diverse Enlightenments', *Economy and Society*, Vol. 32, 3, August 2003, p. 501.

†6 *Ibid.*, p. 502.

†7 Boaventura de Sousa Santos, *Toward a New Common Sense: Law, Science and Politics in a Paradigmatic Transition*, London, Routledge, 1995, pp. 337-42.

†8 Raimundo Panikkar, 'Is the Notion of Human Rights a Western Concept?', *Diogenes*, No. 120, 1982, pp. 81-2.

†9 これらの立場をうまく概略したものとしては H. Frise, A. Negri and P. Wagner (eds.), *Europa Politica Ragioni di una necessità*, Roma Manifestolibri, 2002. を参照のこと。とりわけ pp. 7-18. の序章を見よ。

†10 たとえばJürgen Habermas, *The Postnational Constellation*, Cambridge, Polity Press, 2001, chapter 4. を参照のこと。

解題にかえて

敵対性、闘技、多元主義

酒井隆史

1　敵対性──シュミットとともに、シュミットに抗して

本書は、現代世界においてもっとも欠乏しているもの、つまり「政治的なもの」をめぐる考察からなっている。シャンタル・ムフは、この数十年、一貫して「政治的なもの」について論じてきた。本書はおそらく、ムフのこれまでの「政治的なもの」についての理論的営為の一つの総括であり、また到達点を示すものであるように思われる。

本書では、第Ⅰ章で簡単に本格的議論のための見取り図を描いたあと、第Ⅱ章では政治的なものについてこれまで積み上げてきた理論の概要を述べ、第Ⅲ章、第Ⅳ章では、より現状に密着した知的言説、具体的にはネオリベラリズムとの和解によってその存在意義を喪失していく社会民主主義政党を支える社会学的言説や、右翼ポピュリズムの擡頭、テロリズムといった政治的現象を分析している。そして第Ⅴ章では、支配的なグローバリゼーションを理念的に支える言説が差しだす世界秩序とは異なる、ありうべき世界秩序を構想し、多元主義と人権をさらに深く考察するなかから、普遍的理念の体現者ではなく、多極主義の一翼をなすものとしての政治的ヨーロッパのありかたを論じて結論とするといった展開になっている。

ムフのこれまでの経歴や知的作業については、すでに翻訳された複数の著作のあとがきや解説などで知ることができる。ムフのこれまでの著作は重複する内容も多く、本書も例外ではない。したがって、ここでの簡単な解題の目標は、本書の構成を追尾しながら、ポイントであると思われる論点をあげ、あくまで一つの粗い道筋をつけるというものである。

さて、第Ⅰ章の導入のあとの第Ⅱ章「政治と政治的なもの」からはじめてみたい。ここでは、ムフの理論の鍵概念となる「政治的なもの」が「政治」と区別され、この「政治的なもの」の概念を構成する要素として、敵対性とヘゲモニーが設定されている。

まず敵対性（antagonism）である。この概念はすでにエルネスト・ラクラウとの共著『ポスト・マルクス主義と政治』であらわれ、それからムフの著作のなかでも中核を構成する概念として展開されてきた。マルクス主義における階級闘争という概念を、フロイト＝ラカン的な理論的枠組みを介して、より根源的《ラディカル》な概念として捉えなおす、というモチーフが初期のそのような作業では支配していたといってていいだろう。ムフはラクラウとともに、社会における位置《ポジション》が、科学的認識によって捉えられる客観的過程によってではなく、言説によって構築されるという契機を重視した。そして、言説を構成するシニフィアンの連鎖は、精神分析のいうように、たとえ部分的に「縫合」されたとしても（たとえば、改革、反官僚、反国家といったシニフィアンを、「民営化」、規制緩和などといった、一連のネオリベラリズムを構成するシニフィアンの要素と節合することで、一連の反システム的シニフィアンの意味をネオリベラリズムの体系へと縫合する、など。ここからは、改革といったシニフィアンの意味内容は、それ以外のシニフィアンとの関係性において定まる不確定なものであることがわかる）、基本的には超越（論）的シニフィアンをもたない、閉じられない性格のものである。ここから、「社会は不可能である」あるいは「社会は存在しない」というラディカル民主主義のテーゼがあらわれた。したがって、安定した差異の体系は不可能なのであり、言説によって構成されるあらゆる客体性あるいは対象性はいつでも別様のそれに転換される転覆にさらされることになる。このあらゆる客体性の限界の「経験」が特定の言説的形式をもつとき、それが敵対性である、と、『ポスト・マルクス主義と政治』においては定義されるのである。

いわば止揚の目的論的動きに捉えられた矛盾の概念によって支配された階級闘争の概念を、そこから解放し、止揚（目的）なき不確定性にさらされた過程としてとらえ返すとき、敵対性の概念が呼びよせられる。そしてそれは、ひるがえって、階級闘争そのものを数ある社会的抗争のなかの一つと位置づけなおす「**ポスト・マルクス主義**」への道となり、さらにその過程は、階級闘争の社会的な規定力のみならず、いかなるその重みをも取り払っていくものでもあった。敵対性の概念が開く理論的領域は、（階級的なそれであれ）主体の不可能性という一つの否定性の軸と、階級闘争をはじめ、どれが決定因ともなりようのない抗争の多元性や、主体の位置の多元性といった肯定的な軸をもつといえる。

ムフにはすでに翻訳も公刊されているカール・シュミット論集（訳者あとがき参照）の編者としての著作もあるが、その理論的営為にとってカール・シュミットはきわだった位置をしめている。マルクス主義からラカン＝フロイトをへることで厳密なものとされた敵対性の概念は、さらにシュミットをくぐらせることによって、政治的概念としてはっきりとした位置づけを与えられるといえる。

ムフによれば、現在におけるリベラリズムの有無をいわさぬヘゲモニーこそが、政治的なものの思考を閉ざしている要因にほかならない。シュミットの思考が導入されるのは、この政治的なものがリベラリズムと決定的に分岐する地点を明確にするためである。ムフの導入するシュミットにとって、リベラリズムはそれがもつ次の二つの支配的傾向ゆえに、経験的にではなく、そもそも構成的に政治的なものの次元を思考することができない。第一に、方法論的個人主義にかかわる点。シュミットによれば、そもそも政治的なものの種差的差異であるものこそ、方法論的個人主義によっては捉えられない集合的アイデンティティの構成、つまり友／敵の区別なのである。政治的なものは、「彼ら」に対立するものとしての「われわれ」の構成、集合的な同一化の形式にかかわっており、したがって理性的な利害計算でも自由な道徳的討議でもなく、決断の領域である。第二に、合理主義への信念にかかわる点。敵対性の契機によって、社会的領野は、転覆可能性に充ちた決定不可能な状況となるのであるから、政治的なものには決断という不合理な契機がつきまとうことになる。さらに、合理主義的なアプローチは、集合的アイデンティティへの同一化という、理性的な利害計算にとってはしばしば不合理である情動的で情念的な過程を軽視しがちである。しかし、歴史的にであれ現状であれ、現実をみるならば民主主義にとって、このような情動的あるいは情念的過程は本質的なのである。ここから、本書でも政治的なものを考察するにあたって、フロイトの洞察を考慮に入れることの必要性が力説されている。

このように論じておいてムフは、民主主義政治にとって中心的となる問いを定式化する。それはリベラリズムのいうような競合する利害のあいだでの妥協の模索でもなければ、十分に包括的で排除のない合意の達成でもない。それらはいずれにしても、「われわれ／彼ら」の敵対を乗り越えようとしている点で政治的なものを否認してしまう。それに対して、ムフは、この敵対を設定する方法の多様性こそが、つまり敵対性を否認するのではなく「昇華」するやりかたの多様性こそが民主主義政治の種差性をなす、というのである。

ここでムフはシュミットからも離れていく。「シュミットとともに、シュミットに抗して」と定式化されるムフのシュミットへの接近法は、リベラリズムを批判して、政治的なものの本性としての敵対性を認めるという点で「ともに」同盟を組んだあと、今度はシュミットに「抗して」思考をはじめるのである。そこでの鍵となる概念は多元主義である。シュミットにとって、民主主義とリベラリズムの和解不可能性の決定的な理由の一つは、政治的共同体内部での多元主義の不可能性にある。シュミットにとって、民主主義は同質的な民衆の存在を前提としているのであって、対立的な亀裂は認められない。つまり、シュミットにとって、政治的なものを構成する敵対性は、政治的共同体内部からは排除されねばならない。この発想が、シュミットがリベラリズムの多元主義を退ける理由なのである。ムフの課題は、リベラリズムのこの多元主義の契機を、シュミットをふまえながら、シュミットにもかかわらず肯定することである。つまり、ムフの課題は、個人の価値観の多様性に重点がおかれ、調和して対立のない集合を構成することを前提とし、いかなる合理的解決もありえない対立を想定できないために、敵対性と折り合うことのないリベラルな多元主義ではなく、敵対性を懐柔して闘技へと変容させる回路となる装置をはりめぐらせる——その装置の一つがカネッティに即して論じられる議会制度である——ことによって、敵対性と折り合う、民主主義的な多元主義を提示することに移行する。

おそらく三つの理論的枠組みを整理すれば以下のようになるだろう。

リベラル派　敵対性←——(否認)——→対抗者＝競合者
シュミット　敵対性——(直接的に肯定)——→対抗者＝潜在的には抹殺をはらんだ友／敵関係
ムフ　敵対性——(闘技による昇華)——→対抗者＝正当なものと承認しあう抗争

「われわれ／彼ら」の関係性がいかなる共通の土俵ももたない敵同士の関係性であるとき、それは剥きだしの敵対性となる。これはシュミットが政治的なものと呼んだもののイメージである。それに対し、ムフのいう闘技的民主主義は、共通の土俵、すなわち、民主主義の連合体を構成する制度、あるいは制度、実践、言説などからなる共通空間に、友／敵型の関係が登録されることで、対立する党派がたがいの要求を正当なものとみなすことによって成立する。

このようなムフの議論について寄せられる疑問が、闘技と敵対性の区別にかかわるものである。この区別はムフが退けようとした友／敵型の関係性を再導入するものではないのか？　リベラルな普遍主義を否定しておきながら、やはり正当な要求とそうでない要求を区分するのであれば、またその普遍主義をべつの水準で再導入しているにすぎないのではないか？

おそらく敵対性のもつラカン的な意味での「現実的」な性格を考慮せねばならない。つまり、闘技的空間はその「構成的他者」である限界をつねにもっているということである（私たちはantagonismの訳語として「敵対関係」ではなく敵対性を選んだ。それは象徴的なもののうちにあっては関係は可能だが、現実的なものとの遭遇において、むしろ「関係」はありえないがためである）。したがって、民主主義的共通空間のあらゆる地点は、敵対性に転換する可能性をはらんでいるのであり、象徴的なものに重ねうるだろう民主主義的共通空間のうちに登録することで、友／敵関係を、対抗者間の関係に懐柔する動きは、つねに終わりなき運動となるヘゲモニー的性格をもつ。ムフが第Ⅱ章で、政治的なものの中核を構成する二つの概念として敵対性とヘゲモニーをあげるのはこのためである。

ムフは、なんでもありの排除なき多元主義と捉えられたポストモダンの思想を批判しながら、みずからの多元主義が排除をともなっていることをはっきりと認めている。闘技的な討論として受け入れられるべき要求と、退けられるべき要求である。後者がなぜ排除されなければならないか、というと、敵対性を闘技へと転換する制度や実践、言説によって構成された共通空間、つまり民主主義の基礎となる制度や価値――万人に対する自由と平等という倫理的政治的価値――そのものを否定する要求だからである。

ムフのいうには、これが理論を根本から揺るがすものではないことは、次の点から裏づけられる。まずこの排除が道徳的なものではなく政治的な性格をもっていること。これは、善悪ではなく、民主主義の連合体を構成する制度そのものを解体するがゆえ、ということを意味している。たしかに、この制度である共通空間が確固としたものであるならば、ムフのいう普遍主義の別ヴァージョンでしかない。しかし、ムフはこの隘路を、その制度の本質そのものも闘技的な討論をまぬかれるものではない、とすることでくぐり抜けようとしている。さらにこの議論の延長上で、自由と平等という価値についても同じように捉えられる。つまりそれらの価値は、これもヘゲモニー闘争にさらされたシニフィアンなのである。したがって、正当な要求とそうではない要求の線引き、あるいは敵対性と闘技の関係の差異も、ロールズのように、理性や道徳性にではなく、力関係のなかでの決断の契機に求められるのである。

2　右翼ポピュリズムから多元主義的グローバル民主主義へ

本書では第Ⅲ章「対抗モデルを超えて?」では、アンソニー・ギデンズやウルリッヒ・ベックといった、近年の社会学が分析され、第Ⅳ章では右翼ポピュリズムの擡頭をめぐる分析が展開されている。ここはこれまで翻訳された著作においても基本的に政治理論や倫理学の解題をめぐる考察が中心であったことからすると、より現代の状況に密着した論点が提示され展開されており、ムフの政治的なものの理論が現代的事象に対してもつ切れ味を測定できるところにもなっている。

　この二章にわたる分析の前提とする条件や、それゆえその分析も、もはや日本においても、すぐさま共通するものを感じとられることだろう。

　第Ⅳ章では、「第三の道」を政党間の対立がなくなりはっきりと異なる政策のあいだで選択することが許されなくなり、そこで息苦しい合意へのオルタナティヴへの欲求を右翼ポピュリズムが救いあげるという。つまり右翼ポピュリズムの擡頭は、右翼ポピュリズムの政党のみが、なんらかの仕方で敵対性を保持しているところに求められている。

　日本においても、ムフの指摘と同じように、旧来の左右対立、ひいては対決的な政治はもう古いといった呼号もおなじくかまびすしい。このようなかけ声は、冷戦後のある時期から怒濤のようにメディアを流れはじめ、ネオリベラリズムを奉じるところではほとんど差異のない、したがって政策にも差異のない「二大政党制」への道がならされていった。ムフのいうところの、政党間の差異の消滅、ひいては政治的なものの消滅による右翼ポピュリズムの擡頭の条件は日本でもそろったわけであって、たしかにこの条件のそろったゼロ年代に入り、日本でもはっきりと右翼ポピュリズムが席巻しはじめたことを想起すれば、この分析も説得力を帯びてくる。

　ただし日本においては既成政党の外から右翼ポピュリズム政党が擡頭してくるというのではなく、小泉現象のように既成政党がそのまま右翼ポピュリズム政党に変貌するといった現象があらわれた。このことがますます、日本の状況において、対立軸を不明瞭なものにしている。小泉純一郎は、まさに政治がつねに友／敵にかかわる敵対性を成分としてもっていることを把握しており、集合的アイデンティティの創出を政治が求めていることによく気づいていたのである。右翼ポピュリズムの擡頭のさいに、利害という点では、ポピュリズムの言説と節合したネオリベラリズム政策によってもっとも損害をこうむる立場の人びとが、それを支持するという現象は、日本のみならず、世界の各地で観察される。これは先ほどもふれたムフの言葉遣いでいうならば、政治的なものの契機をなす集合的アイデンティティの形成における、利害への情動あるいは情念の優越がみてとれるのである。日本では小泉現象のような顕著な事例から最近の大阪府知事選にいたるまで、このような現象はつづいている。ムフの理論的枠組みからすれば、ネオリベラリズムに対峙してはっきりと抗争的な立場をとる政党があらわれ、集合的アイデンティティの創出によって情念の回路を構築するまで一貫してつづく、ということになるかもしれない。

小泉現象は、すでに二大保守政党がネオリベラリズムを奉じ、さらに大メディアがほとんどすべてネオリベラリズム以外の理念を持ちえない「オルタナティヴは存在しない」風潮のなかで、「オルタナティヴが存在する」（「改革を止めるな」）という脱出口を指し示したのだが、それは皮肉なことに私有化（「民営化」）と規制緩和によって推し進められるネオリベラリズムの、より徹底的な貫徹であったわけである。おそらくネオリベラリズムが生みだした問題に対して、右翼ポピュリズム的言説との節合のありかたや多様な由来をもつ要素のあいだの配分を調整しながら、ネオリベラリズムが解決者としてあらわれ支持を集めるといった現象は当分つづいていくだろう。

それに対して、「左派」の側では、こうした政治的なものの敵対性の成分を活用しながら勢力を拡げる右翼ポピュリズム潮流に対し、むしろ政治的なものをさらに否認すること、つまりみずからの立場性を否認することで対応しようとする傾向が顕著であるようにみえる。ある時期から、支配的な流れに批判を加える場合でも、みずからが特定のポジション（「従来の」と漠然と指示される左や右のような）にあるわけではない、そうした対立に囚われていないというように、みずからをいわば「無垢化」するような前提をおいてはじめる物言いが目立ちはじめたようにみえる。このような傾向に、ムフのいう「政治的なものの道徳的領域での作動」、すなわち、みずからを闘技的領域ではなく、ひそかに「善」のポジションに位置させたい欲望をみることもできるかもしれない。とするならば、「左派」がこうした政治的なものの否認をとおして右翼ポピュリズムに抵抗しようとすること自体が、政治的なものをますます右翼ポピュリズムに独占させ、友／敵型の敵対性を再生させてしまうということになるだろう。

第Ⅴ章でムフは、考察のステージを一段階のぼり、グローバルなレヴェルで闘技的民主主義の構想を素描している。そのための否定的な踏み台になるのはコスモポリティカルな方法とマイケル・ハートとアントニオ・ネグリによる著書『〈帝国〉』の提唱するマルチチュードによる方法の二つの議論である。この両者ともに、政治的なものの否認という点では共通しており、原理主義やテロリズムの擡頭に対処できないどころか、そのような敵対性を生んでしまうような「疑似普遍主義」の押しつけとなるとムフは厳しく批判している。

ここでは、シュミットは、今度は、政治的なものの擁護を多元主義の棄却に等しいものとみていた理論家ではなく、政治的なものと多元主義を両立させることで、複数の地域ブロックの存在に基盤をおくグローバル秩序を構想した理論家としてあらわれる。それによって、局域と広域、さまざまなスケールをもった地域が並行しながら成立する多極主義、多元主義的グローバル秩序への展望を開いているのである。この展望は、コスモポリタンと、ハート／ネグリの著作への批判に比較して、それほどスペースが割かれておらず、いまだ粗い素描にとどまっているのだが、今後のムフの展開を予期させるものといいえるだろう。

今年つまり二〇〇八年、洞爺湖を中心に開催されるG8にむけて、たとえば関西では、サミット反対の「暴徒鎮圧」のために、過去最大規模の機動隊員・警察官一三〇〇名、車両一七〇台が出動しての訓練が行われている、と報じられている。そもそも日本では、いまだ活発であるとはいいがたいオルタグローバリゼーションの運動に対し、予防的に行使されている、この抑圧装置の発動のデモンストレーションによる、「敵」としてのプロパガンダは圧倒的に過剰である。すでに、法では認められているはずの、表現の自由、集会などの活動の自由などの諸権利も、政府の都合でいつでも抹消できるほどの弱々しいものになった。ここでは、オルタグローバリゼーションの運動も、ただの秩序を攪乱する要素としてしか捉えられず、暴力的に排除されるべき「敵」とみなされているわけだ。このような傾向はもちろん日本だけのことではないが、しかし、運動の弱さと警備の過剰のあまりの隔絶は、右翼ポピュリズムの擡頭と両極をなす、日本における政治的なものの欠乏の深度を表現するものとはいえまいか。

本書における多元主義的グローバル秩序の提案のもくろみの一つは、この「諸運動の運動」といわれるオルタグローバリゼーションに、一つのありうべき世界のありかたを構想するものであるといえよう。それが成功しているのかどうかは、それこそ不確定な情勢のうちで展開されるヘゲモニーの争いにかかっている。

訳者あとがき

篠原雅武

本書は、Chantal Mouffe, *On The Political*, Routledge, 2005 の日本語訳である。翻訳にあたっては、引用文は既訳を参照したが訳語の統一をはかる必要があるばあいにかぎって改訳した。

シャンタル・ムフは、ベルギー出身。一九四三年生まれ。ルイ・アルチュセールのセミナーの学生であったが一九七〇年代初頭にボゴタのコロンビア国立大学に行き哲学を教える。認識論と科学哲学を研究していた。その後、イギリスのエセックス大学で政治哲学を専攻し修士号を取得。ヨーロッパ、北アメリカ、ラテンアメリカの各大学で教鞭をとり、ハーバード大学、コーネル大学、パリの国立科学研究センター（CNRS）での研究職を歴任したあと、現在は、イギリスのウェストミンスター大学に所属。政治理論の教授をつとめている。

ムフの著作・論文は次のようなものがある。

【著作】

- *Hegemony and Socialist Strategy: Towards a Radical Democratic Politics*. Verso, 1985. [Written with Ernesto Laclau.]（『ポスト・マルクス主義と政治：根源的民主主義のために』山崎カヲル・石澤武訳、大村書店、一九九二年・復刻新版二〇〇〇年）
- *The Return of the Political*. Verso, 1992.（『政治的なるものの再興』千葉眞・土井美徳・田中智彦・山田竜作訳、日本経済評論社、一九九八年）
- *The Democratic Paradox*. Verso, 2000.（『民主主義の逆説』葛西弘隆訳、以文社、二〇〇六年）

【編著】

- *Gramsci and Marxist Theory*. Routledge, 1979.
- *Dimensions of Radical Democracy: Pluralism, Citizenship, Community*. Verso, 1992.
- *Democracy and pluralism: a critique of the rationalist approach Faculty of Law*. University of Toronto, 1994.
- *Deconstruction and pragmatism*. Routledge, 1996. [Coedited with Simon Critchley.]（『脱構築とプラグマティズム：来たるべき民主主義』青木隆嘉訳、法政大学出版局、二〇〇二年）
- *The challenge of Carl Schmitt*. Verso, 1999.（『カール・シュミットの挑戦』古賀敬太・佐野誠編訳、風行

社、二〇〇六年）

・*The Legacy of Wittgenstein: Pragmatism or Deconstruction*. Peter Lang, 2001. [Coedited with Ludwig Nagl.]

【論文】

・"Democratic citizenship and the political community." In *Community at loose ends*. University of Minnesota Press, 1991.

・"The End of Politics and the Rise of the Radical Right." *Dissent* 42, no. 4, 1995.

・"Politics, Democratic Action, and Solidarity." *Inquiry: an interdisciplinary journal of philosophy and the social sciences* 38, no. 1-2, 1995.

・"Dimensions of Radical Democracy: Pluralism, Citizenship, Community." *The Australian journal of politics and history* 42, no. 3, 1996. [Written with Gary Johnson.]

・"Radical Democracy or Liberal Democracy?" In *Radical democracy: identity, citizenship, and the state*. ed. David Trend. Routledge, 1996.（「ラディカル・デモクラシーかリベラルデモクラシーか」飯島昇藏訳、デイヴィッド・トレンド編『ラディカル・デモクラシー：アイデンティティ、シティズンシップ、国家』佐藤正志・飯島昇藏・金田耕一他訳、三嶺書房、一九九八年）

・"Democracy, power, and the 'political'." In *Democracy and difference: contesting the boundaries of the political*. ed. Seyla Benhabib. Princeton University Press, 1996.

- “Decision, Deliberation, and Democratic Ethos.” *Philosophy today* 41, no. 1, 1997.
- “Deliberative Democracy or Agonistic Pluralism?” *Social research* 66, no. 3, 1999.
- “REVIEW ARTICLE: Rorty’s pragmatist politics.” *Economy and Society* 29, no. 3, 2000.
- “Every Form of Art Has a Political Dimension.” *Grey Room* 1, no. 2, 2001.
- “Response to Bruce Robbins Publication.” *Grey Room* 1, no. 5, 2001.
- “Which Public Sphere for a Democratic Society?” *Theoria* 49, no. 99, June 2002.
- “Politics and passions.” *Philosophy & social criticism* 28, no. 6, November 2002.
- “Cosmopolitan Democracy or Multipolar World Order?” *Soundings* 28, November 2004.
- “The limits of liberal pluralism: towards an agonistic mulitpolar world order.” In *Militant democracy*. ed. András Sajó and Lorri Rutt Bentch. Eleven International, 2004.
- “The ‘end of politics’ and the challenge of right-wing populism.” In *Populism and the mirror of democracy*. ed. Francisco Panizza. Verso, 2005.
- “For an agonistic public sphere.” In *Radical democracy: politics between abundance and lack*. ed. Lars Tonder and Lasse Thomassen. Manchester University Press, 2005.
- “Schwerpunkt: Kosmopolitismus–Eine kosmopolitische oder eine multipolare Weltordnung?” *Deutsche Zeitschrift für Philosophie* 53, no. 1, 2005.
- “Feminism, citizenship and radical democratic politics.” In *Everyday theory: a contemporary reader*. ed. Becky Renee McLaughlin and Bob Coleman. Pearson/Longman, 2005.

・"IN BRIEF - On the Political." *TLS, the Times literary supplement* no. 5338, 2005.
・"Carsten Holler and the Baudoin Experiment." *Parkett* 77, 2006.

最後に謝辞を。多忙であったのにもかかわらず、監訳というだけではすまないくらいにご面倒をおかけした酒井隆史さんに感謝したい。また編集者の大村智さんには訳稿を丁寧に読んでいただいただけでなく、作業のうえでの疑問点の解決やフロイトをはじめ既訳の調査など厄介なことも助けていただいた。とにかくお礼を申し述べたい。

■マ行

■ヤ行

■ラ行

■ワ行

■ナ行

■ハ行

■タ行

■サ行

事　項　索　引

人　物　索　引

シャンタル・ムフ
(Chantal Mouffe)
著　者

ウェストミンスター大学教授（政治理論）。ハーバード大学、コーネル大学、プリンストン大学先端研究所、パリ国立科学研究センター（CNRS）などでの研究職や、コロンビア国立大学、ロンドン市立大学、ロンドン大学ウェストフィールド・カレッジなどの教授を歴任。パリ国際哲学カレッジにも参画。
邦訳された著書に『ポスト・マルクス主義と政治』（E・ラクラウとの共著、山崎カヲル・石澤武訳、大村書店、復刻新版2000年）、『政治的なるものの再興』（千葉眞・土井美徳・田中智彦・山田竜作訳、日本経済評論社、1998年）、『民主主義の逆説』（葛西弘隆訳、以文社、2006年）、編著に『脱構築とプラグマティズム』（青木隆嘉訳、法政大学出版局、2002年）、『カール・シュミットの挑戦』（古賀敬太・佐野誠編訳、風行社、2006年）、『民主主義の革命――ヘゲモニーとポスト・マルクス主義』（E・ラクラウとの共著、西永亮・千葉眞訳、筑摩書房、2012年）、『左派ポピュリズムのために』（山本圭・塩田潤訳、明石書店、2019年）など。

酒井隆史
(さかい・たかし)
監訳者

大阪公立大学教員。専攻は社会思想史、都市史。主要著作に、『通天閣――新・日本資本主義発達史』（青土社、2011年）、『暴力の哲学』（河出文庫、2016年）、『完全版 自由論』（河出文庫、2019年）、『ブルシット・ジョブの謎』（講談社現代新書、2021年）、『賢人と奴隷とバカ』（亜紀書房、2023年）、主要訳書に、マイク・デイヴィス『スラムの惑星』（監訳、明石書店、2010年）、デヴィッド・グレーバー『負債論』（監訳、以文社、2016年）、デヴィッド・グレーバー『官僚制のユートピア』（以文社、2017年）、デヴィッド・グレーバー『ブルシット・ジョブ』（共訳、岩波書店、2020年）、ピエール・クラストル『国家をもたぬよう社会は努めてきた』（洛北出版、2021年）、デヴィッド・ウェングロウ＋デヴィッド・グレーバー『万物の黎明』（光文社、近刊）など。

篠原雅武
(しのはら・まさたけ)
訳　者

京都大学大学院総合生存学館特定准教授。京都大学総合人間学部卒業、京都大学大学院人間・環境学研究科博士課程修了。博士（人間・環境学）。主な著書に、『複数性のエコロジー』（以文社、2016年）、『人新世の哲学』（人文書院、2018年）、『「人間以後」の哲学』（講談社選書メチエ、2020年）。主な訳書に、マヌエル・デランダ『社会の新たな哲学』（人文書院、2015年）、ティモシー・モートン『自然なきエコロジー』（以文社、2018年）、ティモシー・モートン『ヒューマン・カインド』（岩波書店、2022年）など。

ラディカル・デモクラシー　1

政《せい》治《じ》的《てき》なものについて

闘技的民主主義と多元主義的グローバル秩序の構築

著　者　**シャンタル・ムフ**
監訳者　**酒井隆史**
訳　者　**篠原雅武**
発行者　大江道雅
発行所　株式会社　明石書店
〒101-0021　東京都千代田区外神田6-9-5
電　　話　03（5818）1171
F　A　X　03（5818）1174
振　　替　00100-7-24505
https://www.akashi.co.jp/
装　幀　**戸塚泰雄（nu）**
印　刷　モリモト印刷株式会社
製　本　モリモト印刷株式会社

2008年８月18日　初版第１刷発行
2023年５月18日　初版第４刷発行
ISBN 978-4-7503-2819-5　C0010

現代ヨーロッパと移民問題の原点

1970、80年代、開かれたシティズンシップの生成と試練

宮島喬 著

四六判／上製／360頁　◎3200円

1970年代欧州では戦後高度経済成長の終焉とオイルショックなどにより、経済成長を支えた外国人労働者、それに対応する欧州各国が新たな局面を迎えた。欧州を俯瞰的にとらえ、「移民」から「市民」へとシティズンシップが開かれていった過程、そこで生じた問題を丹念にたどり直す。

内容構成

EU（欧州連合）を知るための63章
エリア・スタディーズ 124　羽場久美子編著　◎2000円

ユーロ危機と欧州福祉レジームの変容
アクティベーションと社会的包摂
福原宏幸、中村健吾、柳原剛司編著　◎3600円

グローバル化する世界と「帰属の政治」　移民・シティズンシップ・国民国家
ロジャース・ブルーベイカー著
佐藤成基、高橋誠一、岩城邦義、吉田公記編訳　◎4600円

ベルギー分裂危機　その政治的起源
松尾秀哉著　◎3800円

ポストエスニック・アメリカ　多文化主義を超えて
明石ライブラリー 44　デイヴィッド・A・ホリンガー著
藤田文子訳　◎3000円

現代アメリカ移民第二世代の研究　移民排斥と同化主義に代わる「第三の道」
世界人権問題叢書 86　アレハンドロ・ポルテスほか著
村井忠政訳者代表　◎8000円

エスニシティとナショナリズム　人類学的視点から
明石ライブラリー 94　トーマス・ハイランド・エリクセン著
鈴木清史訳　◎4600円

ヘイトスピーチ　表現の自由はどこまで認められるか
エリック・ブライシュ著
明戸隆浩、池田和弘、河村賢、小宮友根、鶴見太郎、山本武秀訳　◎2800円

〈価格は本体価格です〉

〈つながり〉の現代思想 社会的紐帯をめぐる哲学・政治・精神分析
松本卓也、山本圭編著 ◎2800円

討議 非暴力社会へのプレリュード
シリーズ あしたのために1
東條由紀彦、志村光太郎著 ◎1000円

来たるべきデリダ 連続講演「追悼デリダ」の記録
A・バディウほか著 C・ドゥージナス編 藤本一勇監訳 ◎2800円

領土・権威・諸権利 グローバリゼーション・スタディーズの現在
サスキア・サッセン著 伊豫谷登士翁監修 伊藤茂訳 ◎5800円

レイシズムの変貌 グローバル化がまねいた社会の人種化、文化の断片化
ミシェル・ヴィヴィオルカ著 森千香子訳 ◎1800円

右翼ポピュリズムのディスコース【第2版】
恐怖をあおる政治を暴く
ルート・ヴォダック著 石部尚登訳 ◎4500円

オルター・ポリティクス 批判的人類学とラディカルな想像力
ガッサン・ハージ著 塩原良和、川端浩平監訳
前川真裕子、稲津秀樹、高橋進之介訳 ◎3200円

マルクス 古き神々と新しき謎
失われた革命の理論を求めて
マイク・デイヴィス著 佐復秀樹訳 宇波彰解説 ◎3200円

ヨーロッパ的普遍主義 近代世界システムにおける構造的暴力と権力の修辞学
イマニュエル・ウォーラーステイン著 山下範久訳 ◎2200円

オフショア化する世界 人・モノ・金が逃げ込む「闇の空間」とは何か？
ジョン・アーリ著 須藤廣、濱野健監訳 ◎2800円

幸福の世界経済史 1820年以降、私たちの暮らしと社会はどのような進歩を遂げてきたのか
OECD開発センター編著 徳永優子訳 ◎6800円

人工知能と21世紀の資本主義 サイバー空間と新自由主義
本山美彦著 ◎2600円

ドローンの哲学 遠隔テクノロジーと〈無人化〉する戦争
グレゴワール・シャマユー著 渡名喜庸哲訳 ◎2400円

社会喪失の時代 プレカリテの社会学
ロベール・カステル著 北垣徹訳 ◎5500円

グローバル環境ガバナンス事典
リチャード・E・ソーニア、リチャード・A・メガンク編
植田和弘、松下和夫監訳 ◎18000円

マイクロファイナンス事典
ベアトリス・アルメンダリズ、マルク・ラビー編
笠原清志監訳 立木勝訳 ◎25000円

〈価格は本体価格です〉